学研のヒューマンケアブックス

障害のある人の
支援の現場探訪記

Gakken

プロローグ

なになに障害のある子の特別支援教育や福祉サービスの需要が増えている⁉
幼児教育の無償化で発達障害や知的障害のある子の幼児教育が人気⁉
ふむふむ
あ！どうもこんにちはかなしろにゃんこ。といいます
ADHDと自閉スペクトラム症のある息子をもつ母です

我家も息子が小学生のころ児童教育相談所に通ったり児童精神科のサービスの中のペアレント・トレーニングを受けたりして親子で助けてもらっていました
息子 自己肯定感を高めるプログラム
母 カウンセリング
おっちょこちょいで あぶなっかしいヤツ→
ムスコ
火をつけたまま!
水を出しっぱなし!
現在は成人して働いていますが自立にはほど遠く家族が生活面でフォローをしないと暮らせません
障害のある子の支援には終わりがないっていうよね
就学
就職
自立
老後
生涯にわたってどういう支援が受けられるのか!?
家族のケアってどんなものがあるんだろう? 知らないことがいっぱいです

保護者は親なき後の生活がとても心配です子どもに少しでも生きやすい暮らしを与えてあげたいと願ってやまないんです！
特別支援学校の先生が教え子の就職先を案じて企業を訪ね就職の交渉をしてくれるなど家族以外の人が寄り添ってくれて助けられることもあると思います
他にも行政機関や民間支援施設や企業などが一緒になって多様な障害を支えていると聞きました
療育教室
グループホーム
特例子会社
就労支援事業所
放課後等デイサービス

でも障害者手帳を取得していないと受けられないサービスや
手帳を持っていなくても受けられるサービスがあったり
ちがいがよくわからない
福祉サービスや就労にはいろいろなものがあって複雑です
各事業所がどんな支援を行っているのかわかりにくいのが現状です
障害福祉事業所
中では何が？
そこで支援の現場を直撃取材しました!!
サービスの内容やサービスを利用するために必要な準備は何か？
最前線で支援する人の心持ちやサービスを利用する人現場で働く人の意見や感想など盛りだくさんでお届けします！

目次

Let's interview!
NOTE

解説1

障害のある人を支援する制度やサービス

青木聖久

私は、22歳からソーシャルワーカーとして、障害のある人の支援に携わり、さらに、普及啓発活動にも取り組んでいる大学の教員です。かなしろにゃんこ。さんとは、普及啓発活動をしている中で知り合い、とても仲良し。では、ここから、解説を担当させていただきます。

ですが、具体的な話に入る前に、少しだけ難しい話をします。日本は法治国家ですので、障害のある人に対しても、法律を根拠に、制度やサービスを規定しています。その中において、18歳未満の障害のある子は、「障害児」と呼ばれ、「児童福祉法」という法律の中で、一方で、18歳以上の障害のある成人は、「障害者」と呼ばれ、「障害者総合支援法」という法律の中で、図1のような福祉サービスがあります。そのことから、図1において、(児)・(者)と記しているのは、障害のある子、あるいは、障害のある成人が使える福祉サービスを示しています。

ただし、図1の【所得保障】に掲載しているものは、「特別児童扶養手当等の支給に関する法律」、「国民年金法」による制度となっています。したがって、解説においては、障害のある人の年齢に関係なく述べる場合は、「障害のある人」と記すことにします。

では、最初に全体像の話をします。障害のある人が、社会生活をする中では、①**経済的基盤**、②**居場所**、③**相談支援**、の三つが必要となります。このことについて、図1を用いながら説明

図１　障害児・者を支援する制度やサービスの全体像

（青木聖久作成）

訪問による自宅等でのサービス

○居住訪問型児童発達支援　(児)
○保育所等訪問支援　(児)
○居宅介護（ホームヘルプ）　(児)・(者)
○重度訪問介護　(者)
○同行援護　(児)・(者)
○行動援護　(児)・(者)
○重度障害者等包括支援　(児)・(者)
○自立生活援助　(者)
＊移動支援

日中活動をはじめとする事業所でのサービス

○児童発達支援　(児)
○医療型児童発達支援　(児)
○放課後等デイサービス　(児)
○療養介護　(者)　※医療機関への入院と併用
○生活介護　(者)
○自立訓練（機能訓練）　(者)
○自立訓練（生活訓練）　(者)
○就労継続支援Ａ型（雇用型）　(者)
○就労継続支援Ｂ型（非雇用型）　(者)
○就労移行支援　(者)
○就労定着支援　(者)
＊地域活動支援センター

相談支援

○相談支援事業所
・障害のある成人の相談支援　(者)
・障害のある子の相談支援　(児)
（障害児相談支援）

居住支援のサービス

○福祉型障害児入所施設　(児)
○医療型障害児入所施設　(児)
○短期入所（ショートステイ）　(児)・(者)
○障害者支援施設での夜間ケア等
（施設入所支援）　(者)
○共同生活援助（グループホーム）　(者)
＊福祉ホーム

医療費助成（出費の軽減）

○自立支援医療
・育成医療　(児)
・更生医療　(者)
・精神通院医療　(児)・(者)
○市町村独自の医療費助成

所得保障

○特別児童扶養手当　20歳未満
○障害児福祉手当　20歳未満
○特別障害者手当　20歳以上
○障害基礎年金　20歳以上

注１）(児)は、18歳未満の障害児が対象。(者)は18歳以上の障害者が対象。
注２）＊は、市町村事業として、各自治体が創意と工夫によって事業を実施することになっているものです。
なお、図に記載しているのは、ごく一部です。詳細は各市町村にご確認ください。
注３）介護保険制度の対象者（基本的に65歳以上）で、同様のサービス（ホームヘルプなど）が介護保険制度にある場合は、基本的に介護保険制度からのサービスが優先的に実施されることになります。

していきます。なお、図1は、身体・知的・精神障害・難病のある人たちが使える制度やサービスの代表的なものの一覧です。そのことから、必ずしも全てのものが使えるとは限りませんので、詳細は、お住まいの市町村及び特別区（以下、市町村）の児童福祉、障害福祉の窓口でご確認ください。

①経済的基盤

経済的基盤とは、まさにお金のことです。ただし、経済的基盤を安定させるためには、二つの方法があります。一つは、【所得保障】。お金を増やすための制度で、代表的なものが、「特別児童扶養手当」と「障害基礎年金」です。

一方で、障害のある人は、障害があることによって、特別な出費をすることが少なくありません。そのため、出費の軽減が求められます。その代表的なものが【医療費助成】。具体的には、自立支援医療によって、精神科の通院時の医療費が軽減（自治体によっては独自の条例によって無料）されることがあります。さらには、都道府県や市町村が独自に条例を制定して、診療科、入院や通院に関係なく、医療費の自己負担分の軽減あるいは無料化を実施しているところもあります。大切なことは、ほとんどの制度が、確認のうえ申請が必要だということです。

②居場所（就労の場を含めて）

障害のある人は、安心できる、生きがいにつながるような場があり、そこで、さまざまな活動をすることで、暮らしが安定し、充実感を得ることにつながります。その居場所は、日中支援の場と居住支援の場に分かれます。まず、日中支援の場のサービスは、【訪問による自宅等でのサービス】として、障害のある人が自宅などで受けるサービスのことを指します。代表的なものが、「居宅介護（ホームヘルプ）」で、家事援助や身体介助などを受けることができます。

また、障害のある人が、事業所に出向いて受けるサービスが、【日中活動をはじめとする事業所でのサービス】です。具体的には、日常生活が向上するための支援を受けたりするのが「放課後等デイサービス」です。また、自分に合う就労をしたり、一般就労に向けて訓練を受けたりするのが、「就労継続支援A型・B型」、「就労移行支援」などです。

一方で、家族からの自立を目指し、自宅以外の場での共同生活をしたりするのが【居住支援のサービス】です。その代表的なものが、「共同生活援助（グループホーム）」で、6名ぐらいで共に暮らし、世話人といわれる人から家事について教わったり、他の入居者と一緒に食事をしたりします。

③相談支援

相談支援は、先ほどご紹介した経済的基盤、居場所を、どのようにすれば受けられるのか、あるいは、どのようにして、図1の個々の制度やサービスを組み合わせて受けることが望ましいのかなどについて、相談したり、連絡調整を担ってもらったりするものです。図1では、【相談支援】として掲載しています。相談支援を担うのは、「相談支援事業所」の相談支援専門員です。ところが、どこに相談支援事業所があるか、わかりにくいことが多いです。そのことから、まずは、お住まいの市町村の児童福祉や、障害福祉の窓口でお尋ねすることをお勧めします。

また、①や②のサービスを受けるためには、「障害支援区分」の認定が求められる障害福祉サービスが一部あります。ちなみに、障害支援区分とは、障害の支援の度合いを、区分1～6まで、訪問調査及び主治医の意見書によって判定するというものです。

一方で、いったん制度やサービスを受けたとしても、障害のある人にとって、合わないことも珍しくありません。その場合は、サービス内容をその都度見直すことも可能となります。加えて、相談支援事業所や相談支援専門員についても、途中から代えることもできますので、必要に応じて、これらの変更を申し出てください。

以上のことからも、信頼できる相談支援事業所や相談支援専門員と中長期的に相談を継続することが大切だといえるでしょう。

1　放課後等デイサービスに行ってみた

障害の種類や障害の程度年齢に関係なく日中の活動の場を提供している
NPO法人 にじと風, 福祉会
放課後等デイサービスの「にじと風」にやってきました!
千葉県八千代市
こんにちは
ようこそ
放課後等デイサービスがどんな活動をしているのかいろいろ教えてください
学校
家庭
第3の場所
障害者総合支援法や児童福祉法に基づいた運営サービスで学校でも家庭でもない第3の場所を気兼ねなく利用できるサービスなんですよ
理事長の吉野眞里子さん

「にじと風」では比較的障害の重い子が多いこともあり教育でも療育でもなく
遊びの中で自発して生活していく力を身につけることをコンセプトにしています
ベッドでゴロゴロしたり
人形で遊んだり
いろいろな年齢の子がいますね
お気に入りの音楽を聞いたり
6歳から18歳までの子が対象です特例で20歳まで通う子もいます
ここではボードゲームや積み木折り紙などで自由に遊べます全国には他にも様々な形で支援を行っているところがありますよ
療育に力を注いでいるところやパソコンのある学習塾のようなところ
運動支援を目的とした卓球教室やスポーツ教室のようなところもあるんです

「にじと風」を含めて系列の三つの事業所があるので利用者は好きな場所を利用することができます
今日はあっちで○○くんと遊びたい
わかりました
スヌーズレンでセラピーができるところや天井の高い場所でトランポリンをやったり
大きなボールプールがあるところなどニーズに合わせて利用できます
おお！楽しそう
「にじと風」だけじゃなくてこうゆうところもあるよ！行ってみる？
こう促してみたりもします
今日は何をしたいか子どもたちに決めてもらっています
子どもの「友だちと遊びたい」という気持ちを優先しています
利用者は何人くらいですか？
一つの事業所につき定員10名です
医師の診断後に自治体の受給者証を取得すれば利用できます

利用を開始したばかりの頃はずっと泣いていたりいたずらをする子もいます職員に振り向いてほしくてなのですが
「あなたをちゃんと見ているよ」って伝えていくとマイナスの評価をせずに自分の人格を受け入れてくれているとわかってくれてどの子も徐々に落ち着いていきます
職員みんなで見守っていくと少しずつ自信がついてきてやれる力もついてきます
生きる力はまずそうやって生まれるんですね！
私たちの支援の究極の目的は親なき後も周りと折り合いをつけて生きる力を身につけてもらうことです
保護者だけでは大変ですから心強い存在ですね

ただ子どもを預かるのではなく子どもに寄り添ってくれるんですね
育児にツラくなったときホッとできる時間が欲しいから助かりますね
放課後等デイサービスのもう一つのコンセプトは
安心して子どもを預けて家族（主に母親）の社会生活を保障するというものです
この子の将来のためにも
貯金しておきたい
障害のある子がいても働きたい保護者はいっぱいいるんです
安心して預けられる場所がないと働きたくてもフルタイムは難しいですね

障害に詳しい人でないと不安で頼めませんよね……
子どものためだけでなく親にもこういう場所が必要だと思います
お化粧して
イキイキ仕事
健常児の中には学校から帰ると水泳やピアノ塾といった習い事に行って曜日ごとに活動を分けていることがあります
障害児だってサッカーやピアノお習字をやりたいと思って当然なんです
障害児だと割り増し料金だったり親が付き添わなきゃいけなかったりすることもあり習わせるのは大変です
それは悲しいですよね
うんうん
ここでは職員が車で学校や他の施設に送迎も行っているので
ここから学習塾や他の習い事に通わせることもできるんです
放課後等デイサービス
自宅
学校
習い事

放課後等デイサービスのゆるやかな制度の中でいろいろなニーズに対応しています
個々の子どもの状況に応じて支援の質の向上に努める
こういうサービスで助かる人がたくさんいるでしょうね！
ここを卒業してもこの場所を友だちとの待ち合わせにする子もいたりして
カフェになっちゃってますね
あはははは
卒業したから縁が切れるのではなくてここを中心にして交流を続けていくようにしています
お茶ぐらい出すけどここはね喫茶店じゃないんですよ～
はい すみません
5時に△△くんと約束しました
そして保護者同士がつながることも大事だと思っています
大きくなるとこうなるよ
えーそうなんですか
にじと風の保護者会を通して先輩ママから情報をもらったり相談したりすることはいいことです
話せる人がいると
親のメンタルもよい方向に変わっていけそう

それに毎年いろいろなイベントを企画して利用者が家族ぐるみでお付き合いができる場所でもあります
これはイベントの写真です
日中ここでおもちゃで遊んだり好きなことをのびのびやれますし
冬はボランティアの人や家族と一緒にスキー旅行をしたりいちご狩りや芋掘りをしたり
電車やバスなど交通機関を使って校外学習に行ったり様々な体験をして成長してほしいと思っています
私たち（子どもと家族を含む）はここに閉じ込もることなくここを基地として外へ踏み出して豊かに暮らしていきたいです

放課後等デイサービスは
学童クラブのような
ところかと思って
いましたが
担っているものが
全然違いますね
はい
18歳になって
ここを卒業するまでの
個別支援計画書を
全ての子に作ることも
支援活動に含まれます
例えば
1歳からだと
スタート
どさっ
利用をスタート
してから
卒業するまでの
情報を入れるので
一人分が何冊にも
なったりします
学校と家庭と
放課後等
デイサービスとで
連携して
支援情報を
共有しているんです
学校の
個別の教育支援
計画とも
擦り合わせを
するようになって
いますし
たまに
学校の先生が
子どもの日常の
様子を見に
ここに寄ってくれます
家庭
学校
放課後等
デイサービス

ここでの
日常生活の中で
できること
できないことや
学校生活で
できること
できないことなど
一人一人いろいろな
特性があるので
例えば
道に迷ったとき
SOSを
出せるけど
電車が好きで
一人で遠くまで
行ってしまうとか
「ここはどこ?」
共有した情報は
就労移行支援に
役立てて
もらったり
引っ越しで
転居先の支援を
受けるときの
引継ぎにも
役立つ大切な
データです
くん
支援計画書
ぼくの私の取り扱い説明書です
できないことを
書くよりも
「この子にもっと
こういう支援を
してあげられたら
もっとこうなる」という
書き方をするように
しています
支援の質を
上げる
私たちの課題ですね

「にじと風」で働く職員に話を聞いてみました
こんにちはー
べったり
荒木賢太さん　30歳
子どもと関わる仕事がしたくて学生の頃に学童保育と「にじと風」でアルバイトをしたことがきっかけで
大学卒業後に入職しました
荒木さんの仕事のやりがいはなんですか？
自分の思いをうまく伝えられない子たちがいますが一緒にいると少しずつ訴えたいことがわかってきたりして面白いんですよ
ワァァァ
おや！どうしたのかな？
ギャー
ほらこっちおいでー

多分 窓辺にずっといたから体が熱くなっちゃったんだと思います
よしよし
そういうのもわかるようになるんですね
でもたまに「ん?何を伝えたいんだろう」「どうしたらいいんだろう?」ってときは先輩たちに相談しています
先輩のやり方をマネしてもうまくいくとは限らないので毎日試行錯誤しています
子どもたちにとってお兄さんやお父さんのような頼れる人なんでしょうね!
私たちは家庭と学校という骨をつなぐ関節のクッションのような存在でありたいです
子どもたちにここはいつでも帰って来られる場所と思ってもらえたらうれしいですね
放課後等デイサービスはもう一つの温かい家庭のような場所でした

解説2

放課後等デイサービスとは

青木聖久

放課後等デイサービス（以下、放デイ）は、年々増え続けており、厚生労働省（2020）によると、2019年時点において、全国で1万4046か所を数えます。その放デイは、以下の三つのタイプに分類することができます。

一つ目は、**学童クラブ型**。取材の中で、かなしろにゃんこ。さんが、「学童クラブのようなところだと思っていた」というコメントがあります。実際、宿題やゲームをしたり、子どもたちの希望に合わせて利用できる、というところです。自由さが特徴だといえるでしょう。

二つ目は、**教室型**。利用者の障害特性に配慮しながら、学習塾のように勉強をしたり、体操教室のように運動をする、というものです。また、芸術的なものを取り入れているところもあります。このようなメニューを、独自のプログラムによって実施するのが教室型の特徴です。

そして、三つ目が、**療育型**。対人関係の構築の仕方や、コミュニケーションのあり方について、専門的な療育を行うというものです。そのことから、理学療法士などの専門職が療育にあたっているところもあります。

ただし、これらの三つのタイプのうち、複数の要素を兼ね備えている事業所もあります。また、一般就労への準備を意識している事業所もあります。一方で、保護者への支援に力を入れている事業所も少なくありません。

これらのことを踏まえ、通所する事業所を選ぶためには、利用する側の希望を明確にしたうえで、事業所が目指していること、及び実際に取り組んでいる内容とを照らし合わせることが大切です。さらに、見学をし、通所している子どもたちの表情、土日を含めた利用時間、通所時間、送迎の有無などを尋ねるとよいでしょう。

すると、近隣にある学童クラブ（放課後児童クラブ）のほうが適していると気づくことがあるかもしれません。それは、障害のない子と共に過ごすことによる意義という側面からも、です。実際、学童クラブにおける障害のある子の受け入れも年々増加しています。内閣府（2020）によると、2019年5月現在で、全国にある放課後児童クラブ2万5881か所の約56％が、4万2770人の障害のある子を受け入れているのです。そのことから、障害のある子の日中支援の場としては、放デイに加えて、学童クラブも選択肢として考えられるでしょう。また、両方を併用することもできます。

一方で、「にじと風」の吉野理事長さんが、放デイについて、「6歳から18歳までの子が対象です」と説明しています。では、6歳未満の子は、使えるサービスがないのでしょうか。国は2012年に、放デイを学齢期における支援の充実を図ることを目的に創設し、セットで、学齢期前の障害のある子を含めて、新たな事業を創設しました。それが、9ページの図1の【訪問による自宅等でのサービス】にある「保育所等訪問支援」です。具体的には、保育所、幼稚園、小学校、放課後児童クラブ、乳児院、児童養護施設などにおいて、障害のある子（予定を含む）に対して、訪問により専門的な支援を提供するというものです。

放デイは、関連する福祉サービスとも連携しながら、障害のある子が、葛藤を調整する力、主張する力、折り合いをつける力を育成することが期待されています。これらのことを通して、障害のある子の自己肯定感を高めつつも、保護者と連絡を取り合いながら、家庭養育を支えることを目指しているのです。

○厚生労働省（2020）「放課後等デイサービスに係る報酬・基準について≪論点等≫」
○内閣府（2020）「令和２年版 障害者白書」p50-53

2　ペアレント・トレーニングを体験してみた

発達支援の人材育成や保育サポートなど学びを提供している
チャイルドフッド・ラボが開催しているペアレント・トレーニング（ペアトレ）にやって来ました！
1日で学ぶペアレントトレーニング会場はこちらです →
子どもの発達が気になる保護者や保育士、教員の皆さんが大勢参加しています
チャイルドフッド・ラボの代表理事 臨床発達心理士の藤原里美先生にお話を聞いてみました
こんにちは
ペアレント・トレーニングとはなんでしょうか？
発達障害のある子の子育ては難しいものですよね それを少し楽にできるんです

保護者のために開発されたプログラムで好ましい行動を増やして好ましくない行動を減らしていけるという
行動理論を学んでいただき子育てしやすくしていくものです
本来は6名程度で行動療法をもとに数回にわたって行います
宿題
発表
ペアレント・トレーニングの宿題を家庭でも実践して後日発表をして子どもの変化や自分の気づきを通して学んでいくんです
今回は6セッション分を1日で学びます
具体的にどんなことをしていきますか？
まず「いつもあなたを見ているよ♡」と子どもにポジティブな注目を与える手法を伝えてます
好ましい行動
お手伝いありがとう
えへへ
ポジティブな注目にはポジティブな行動が返ってきます

逆にネガティブなことに注目するとネガティブな行動をするようになります
またやってる

ペアレント・トレーニングは万能ではないけれど4歳~10歳の子育てが楽になりますよ!
ホントですか!!

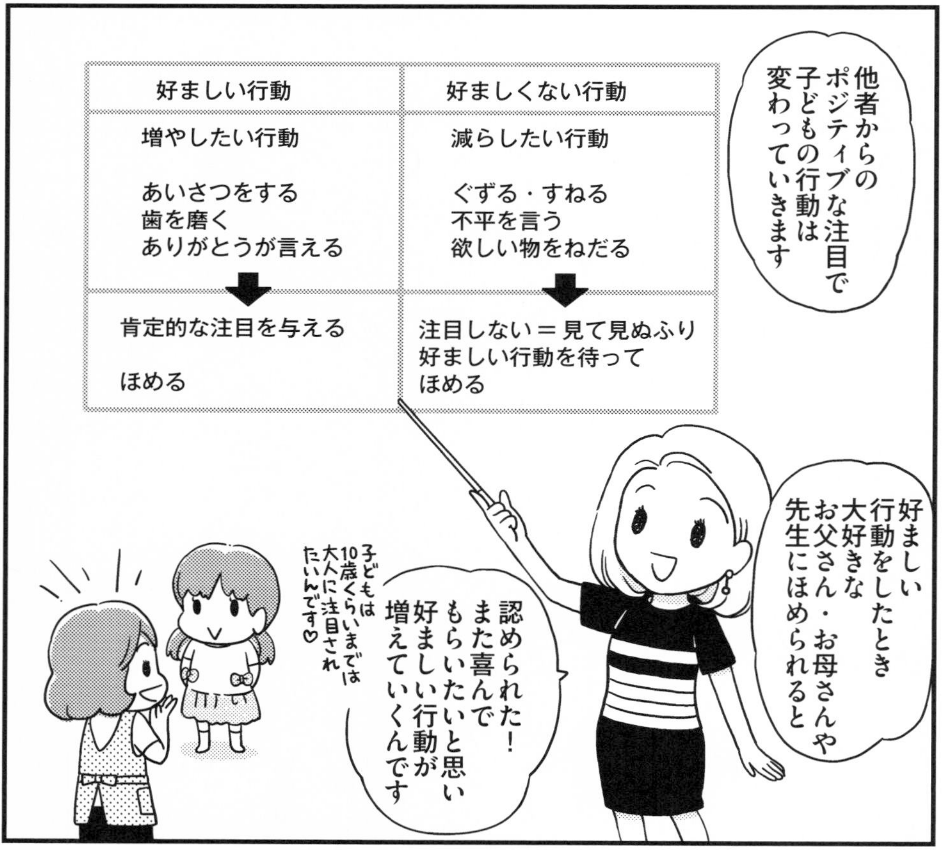
他者からのポジティブな注目で子どもの行動は変わっていきます
好ましい行動
増やしたい行動
あいさつをする
歯を磨く
ありがとうが言える
肯定的な注目を与える
ほめる
好ましくない行動
減らしたい行動
ぐずる・すねる
不平を言う
欲しい物をねだる
注目しない＝見て見ぬふり
好ましい行動を待って
ほめる
好ましい行動をしたとき大好きなお父さん・お母さんや先生にほめられると
認められた!また喜んでもらいたいと思い好ましい行動が増えていくんです
子どもは10歳くらいまでは大人に注目されたいんです♡

好ましくない行動は見て見ぬふりなんですか……
え…？
はい 難しいかもしれませんが子どものことでイライラしたら
ー☆
まあ～ そんなこともあるよね
こうあきらめて納得するようにすると親もいろいろなことで寛容になっていけるんです
親の意識を変えていくんですね！
この2つは歯車のような組み合わせで成り立っています
あたたかい親子関係
子どもの行動が改善
ハイ
ペアレント・トレーニングはプログラムの異なるものがいくつかありますチャイルドフッド・ラボは精研式を応用して行っています
10名ぐらいの定員で6～10回のセッション
鳥取大学方式
肥前方式
奈良方式
アメリカで開発されて日本風にアレンジされたものや国内で開発されたものがあります
研修ではロールプレイングを行っています実際にやってみることが大事ですよ！
はい！

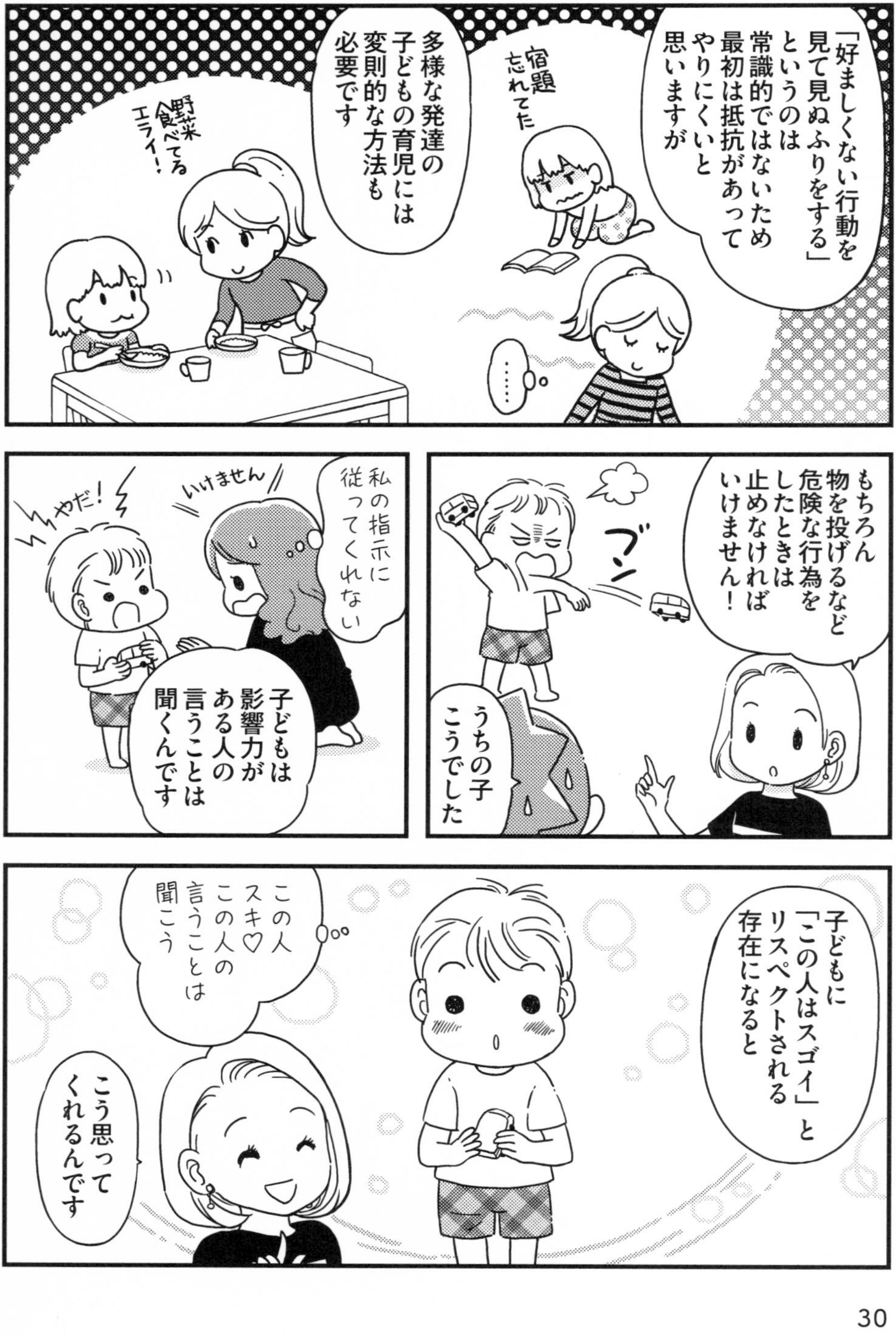
「好ましくない行動を見て見ぬふりをする」というのは常識的ではないため最初は抵抗があってやりにくいと思いますが
宿題忘れてた
……
多様な発達の子どもの育児には変則的な方法も必要です
野菜食べてるエライ！
もちろん物を投げるなど危険な行為をしたときは止めなければいけません！
ブン
うちの子こうでした
私の指示に従ってくれない
いけません
やだ！
子どもは影響力がある人の言うことは聞くんです
子どもに「この人はスゴイ」とリスペクトされる存在になると
この人スキ♡この人の言うことは聞こう
こう思ってくれるんです

こうで
ああだから
こうでしょう!?
こうしないと
いけませんよ
子どもに
言葉で説得しても
効果はありません
共感的に関わることで
子どもの気持ちは
落ち着くんです
では
共感的な声かけや
「ほめ方」を
お話しします
ほめるのに
いいタイミングが
あるんですよ！
子どもは自分が
認められていると
感じると
親に協力的に
なってきます
歯みがき
よくできてるね！
!
少しでも
できたことをほめる
責めない25%ルール
というのが
あるんです
25%
きちんと
できなくても
いいから
25%できたところで
ほめるという
ものです
ムム…
25%で!?
難しい…

例えば嫌がる子には着替え終わってからほめるより
すご〜いできたね
着たよ
ふん
しぶしぶ着替えを始めたとしても始めたことに注目して早いタイミングでほめるとグーなんです！
着替えてくれてエライね
できなくても着替えだしたら成功なんですこれが25%ルールです
頑張れ！応援してるよ
そして着替えの最中あなたの行動にちゃんと注目しているよ！と知らせます
着替えができたら
一人でしてくれてありがとう！
感謝すると子どもは自分は役に立っている！と自信がつきます
やったねできたね!!
ハイタッチ☆
へへっ
必ずスキンシップで労います
ここは役者になりきって言ってみましょう

下から目線で「○○するよ！」とやるべき行動を繰り返し伝えると（指示すると）「仕方ないな～」と言うことを聞いてくれやすくなります
ヨイショを欲しがるのなんかわかります
子どもによってはほめても喜ばない場合がありますが再度ほめるとか静かにおだやかにほめるとかその子に合ったいろいろなパターンがあるんです
てれっ
んーとねー
どんなほめられ方がいい？
こう聞いてみてもＯＫです
1回の指示で行動してくれないときは
ご飯ですよ
ゲームは終わりよ
〜♪
少し時間を置いてから再度声をかけます
指示をする回数を決めて一度タイミングを外すのがいい方法です
4回伝えよう
5分後にまた言おう

静かに そっと近づいて 下から目線で 優しく触れながら 指示を出すと 安心感を 与えられます
ご飯ですよ
タッチ
お母さん 怒ってない
うん！ ご飯食べる
ゲーム やめられて エライね！
できたら ほめます
大好きな人に 繰り返し あたたかく 指示されると つい 言うことを 聞いてしまったり するんです
ごはん ごはん～♫
この方法を 胸キュン式と 呼んでいます
自閉症傾向に ある子は
お絵かき やめて ○○しようね
今やめたら もう一生 できない…
こう思う子も いるので
△△したら また できるよ △△一緒に やろうね
急な変更に 対応できない子や 気持ちの切り替えが 難しい子には
うん
その子のペースに 合ったタイミングを 考えながら 根気よく向き合う ことが大切です

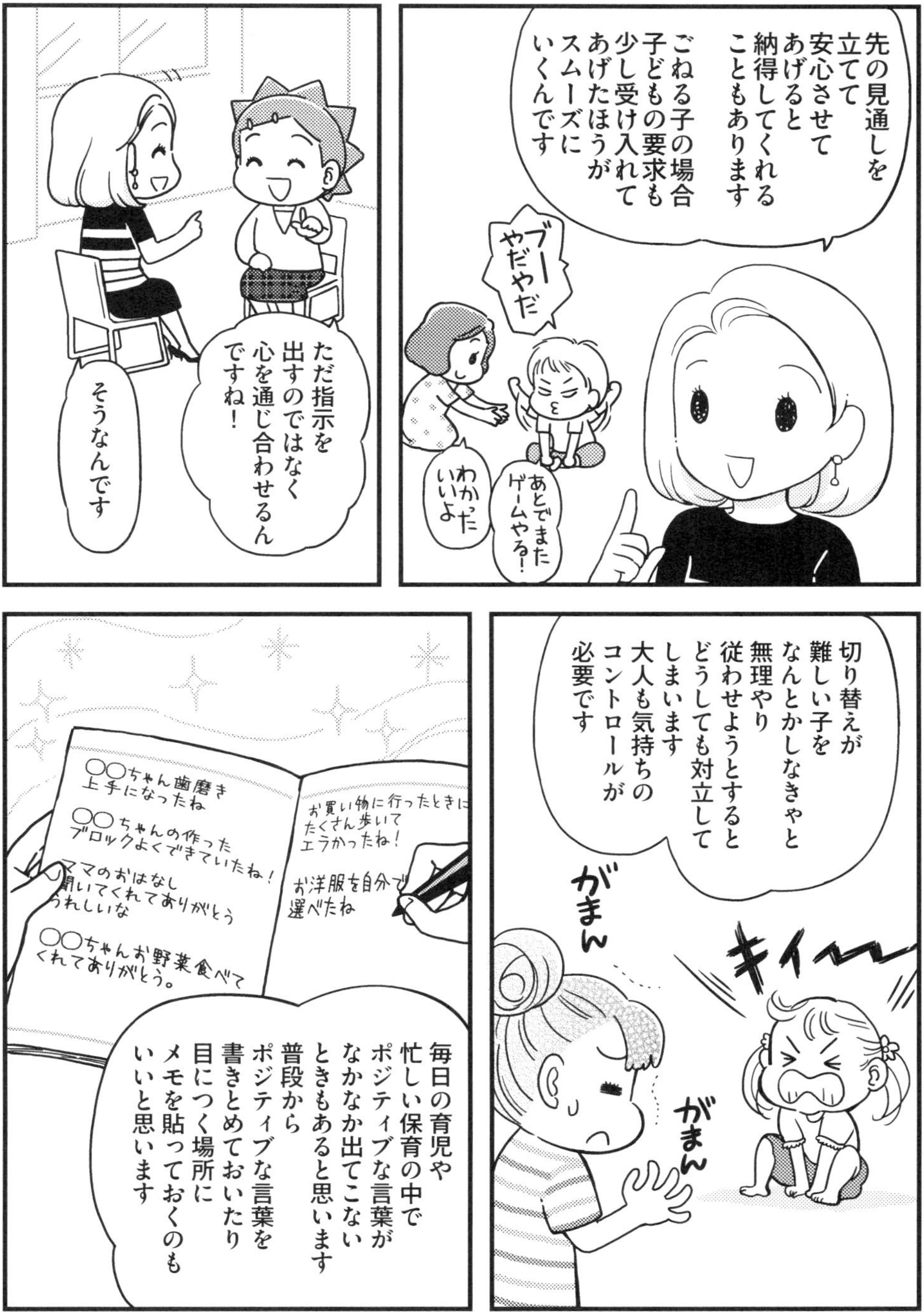
先の見通しを立てて安心させてあげると納得してくれることもありますごねる子の場合子どもの要求も少し受け入れてあげたほうがスムーズにいくんです
ブーやだやだ
あとでまたゲームやる！
わかったいいよ
ただ指示を出すのではなく心を通じ合わせるんですね！
そうなんです
切り替えが難しい子をなんとかしなきゃと無理やり従わせようとするとどうしても対立してしまいます大人も気持ちのコントロールが必要です
がまん
キイ
がまん
○○ちゃん歯磨き上手になったね
○○ちゃんの作ったブロックよくできていたね！
ママのおはなし聞いてくれてありがとううれしいな
○○ちゃんお野菜食べてくれてありがとう。
お買い物に行ったときにたくさん歩いてエラかったね！
お洋服を自分で選べたね
毎日の育児や忙しい保育の中でポジティブな言葉がなかなか出てこないときもあると思います普段からポジティブな言葉を書きとめておいたり目につく場所にメモを貼っておくのもいいと思います

私は一生懸命育てようと頑張っちゃってガミガミ言い過ぎちゃったりして失敗していました
「ほめて伸ばす」ってこういうことだったんだ!と気がつきました
ポジティブな注目をするとポジティブな行動で返ってくる!これをもっと効果的にするのが
スペシャルタイムを作ることなんです
それはなんですか?
子どもと二人きりの時間の中で「あなたは大切な存在!」と伝えていくものです

スペシャルタイム中は他のきょうだいがいてもこの子とだけ遊ぶ時間とします
設ける時間は15分～20分程度
何したい？
パティシエごっこ
遊びの主導権は子どもにもたせます
子どもがどういう遊びが好きかどういうことを好むのかを考えます
大人が視野を広げてほめる行動を見つける練習をするんです
おもてなしできるのねじょうずね～
ケーキおまたせしました
おお！そういう時間なんですか
普段から叱られてばかりだと自分はダメな人間なんだと自尊心が低くなってしまいます
「私はあなたをちゃんと見ているよ」とメッセージを伝え続けることが大切なんです
おかわりですか
どーぞ
スペシャルタイムでは子どもが素直に甘えてきてくれて可愛く感じるという人もいますよ
一対一でゆったりと子どものいいところをじっくり発見するんですね！

子どもをその気にさせる声かけや上手なほめ方は実際にやってみることが大切です
ペアトレでは参加者が子ども役と親役を交互に演じて様々なコツを使いながらロールプレイングを行っていました
25%ルール
え〜これ着るの?
言われなくてもやれるのエライね!
ほめ方のバリエーション
ん〜こお?
いいよその調子がんばれー
下から目線
ね お願い♡
う〜んしょうがないな〜
ここで一度試すと子育ての意識が変わっていきそう
ハイタッチ
参加者に感想を聞いてみました
カオさん(仮名)50代・保育士
我が子の発達のことでも悩むことがあり参加しました ほめるって意外と難しいんですよね…

でも
あたたかい言葉で
子どものやる気が
引き出せると
わかったので
自分の子にも
職場の子ども達の
ためにも学べて
よかったです
明日から
女優になって
やってみます！
オホホホ
女はみんな
女優ですものね♡
聖母に
なりましょ♡
思春期
反抗期
ペアレント・
トレーニングは
幼少期でも
効果がありますが
子どもが
中高生に
成長したとき
成果の芽が
さらに出て
くるんです
子育ては
長い修行の
ようですが
いいアプローチを
繰り返すことで
あたたかい
親子関係に
なりますから
続けてほしいです
ペアレント・
トレーニングの
ノウハウを取り入れた
子育てなら
子どものいいところ
たくさん見つけられそうです
私も
さっそく
ほめっぞー

解説3

一般就労・福祉的就労とは

青木聖久

一般就労・福祉的就労という二つの言葉には、絶対的な定義がありません。ですが、あえて言うとすれば、前者は障害のある人が民間企業や公的機関などに雇用された就労を主に指し、後者は障害福祉サービス事業所での就労となります。福祉的就労の中心は、就労移行支援、就労継続支援A型・B型という、就労系障害福祉サービスと呼ばれるものです。

福祉的就労の二つの側面

福祉的就労には、二つの側面があります。一つ目は職業訓練機能です。代表的なものが、就労移行支援で、一般就労に移行することを目指し、履歴書の書き方の練習や一般企業での実習などがそれにあたります。

二つ目は居場所機能です。私は、この居場所機能には、八つの要素があると捉えています。それは、①そこに行けばほっとできる、②事業所のメンバーとして所属できる、③様々な生きた情報を得ることができる、④障害のある仲間と出会うことができる、⑤専門職の支援を受けることができる、⑥ボランティアをはじめとする関係者と交流することができる、⑦家族と適度な距離を保つことができる、⑧収入や職業だけで人間を評価しない価値観の再構築ができる、というものです。

一般就労にチャレンジする意味とサポーターズ

人は、なぜ働くのでしょうか。そのことについて評論家の小浜逸郎さんは、「人が働くことをやめないのは、たぶん働くことが、人がこの世界を自分になじませ、自分をこの世界になじませる一番てっとり早い手立てだから」と述べています（小浜1993）。私はこの後に、いつも次の文章をつなげています。「そうであるならば、障害があるからという理由で、一度きりの人生、働く経験をしないのはもったいない」と。

とはいえ、特別支援学校を卒業後すぐに一般就労をする場合、先生や家族が心配する気持ちもわかります。きっと、いちばん恐れるのは、一般就労が続かなかったときに、自信をなくしてしまうことによる自己否定ではないでしょうか。そのことから、自信がないと思われた場合は、福祉的就労を通して、専門職や仲間、家族、ボランティアなどのサポーターズができれば安心です。そのうえで、福祉的就労を継続するのか、一般就労へと移行を目指すのかを考えるのも一つの方法だと思います。

ただし、就労の経験がなく、特別支援学校から B型を希望する場合は、就労移行支援事業所で、就労の適性などをはかる「就労アセスメント」を受けることが必要となります。このことは、今後の働き方を考えるうえで、いい機会になるかもしれません。

事業所とのマッチングと合理的配慮

とはいえ、自分に合う事業所を探すことは簡単ではありません。そのことから、相談支援事業所の相談支援専門員に、自分の思いや心配事を伝え、複数の事業所を見学することをお勧めします。その際、合理的配慮として、ぜひ以下のことをお尋ねするといいでしょう。

作業中に水分補給はどの程度認められるのか。週に1回、あるいは、半日単位の参加が認められるのか。一人になりたいときに休憩できるスペースはあるのか。また、これらの合理的配慮を、障害のある人から申し出ていいのか。さらには、スタッフのほうからも、これらの事柄について気にかけるような働きかけをしているのか。

ある意味、これらを聞ける雰囲気がある事業所こそが、魅力的だといえるでしょう。

○小浜逸郎（1993）『家族を考える 30 日』JICC 出版局

3　就労移行支援事業所に行ってみた

LITALICO《りたりこ》
ワー
障害のある人の企業への就職を支援している「就労移行支援事業所」りたりこワークス柏に来ましたー!!
ワイ　ワイ
おお！皆さんにぎやかにお話し中ですね
こんにちは
ようこそ
今はコミュニケーションのトレーニング（SST）を実習中なんです
どうぞこちらへ
柏センター長・和泉直路さん
就労移行支援って主に何をしてるんですか？

働きたい障害のある人と企業を結ぶお手伝いです
事業所によって異なりますが就労のためのスキルアップと自己分析や実際に働くことを体験する企業の職場体験なども行っていて
利用できる期間は最長2年間です就職した後6か月間の※1職場定着サポートも行っています
つながり6か月
企業
就労移行支援事業所
利用者就職後
※1 6か月以降は新たに3年間の「就労定着支援」のサービスを利用できる
受給者証
受給者
住所
氏名
有効期間
障害者手帳を持っていても持っていなくても福祉サービスを受けられる※2障害福祉サービス受給者証があれば利用できるんです
利用者はどんな人がいますか？
発達障害の人精神障害知的障害身体の障害の人もいます

※2 自治体に申請する

事業所
学校
年齢は20代～40代が多くて6割が男性です
特別支援学校を卒業したばかりの10代の人もいますよ
通うのは週何日ですか？
特別支援学校を卒後すぐの人だと生活リズムをキープするのに週5から通ってもらうこともあります
体力作り
働いていない期間が長かった人だと週2、3日から進めていったりする方もいますね
0
すいみん
6
りたりこワークス
12
18
まずは早起きからだ！
ここでは一般企業への就労に向けて必要なスキルを身につける訓練をしています
個別にプログラムを組んで利用者と相談しながら進めているんです
事務
PC
SST
Aさん
サービス業
SST
ビジネスマナー
Bさん
こうですか？
そのテキストをこのソフトに移します
一般事務で就職したい人は用意した課題に沿ってパソコン操作を覚えていきますし

パソコン操作が難しい人は事務補助で就職を目指す人もいます
カンタンなPCの入力
契約書類のチェック
名刺のファイリング
伝票の整理
その他の職種の訓練では手作業もありますよ
ビーズを見本通りに袋に入れる
クリップを名刺サイズのカードにさしていく
おしぼりをたたんで袋に入れていく
ただPC操作や手作業を覚えるだけが目標ではないんです!!
え!?
パソコンの訓練をしているけれど実は相談や連絡の練習であったり
こうでいいですか? どうでしょうか
どれどれ

報告をするという習慣を身につけることのほうが就労に大切だったりするのでその練習です
今お時間よろしいでしょうか△△の件ですが
わかりました
それも就労準備なんですね！
他にはどんなことをしているんですか？
ここでは皆さん一般企業への就職を目指しているのでソーシャルスキル以外にもビジネスマナーの講習を行っています
それと発達障害の人の中には対人面で伝え方がキツくなるなど人間関係で悩んできた人がいるので
自己管理や障害理解も学べるプログラムがあります
自分から人が離れていってしまうなどで
一人になっちゃった
何が原因なのかわからないまま対人問題を修正できなかった人も

ここで作業を通して人と向き合うのにどうしていけばいいのか自ら考えられるようなプログラムを個別に組んでいっています
相手の気持ちを考える
自分の気持ちを伝えられる
感情のコントロール
表情や身振りを加える
働くって人と人とのつながりですもんね大切ですよね
それはどんな方法で行われるんですか？
それもやはり作業を通して時間をかけて身につけてもらっているんです
イライラ
ドキドキ
ソワソワ
うぅ〜
例えば作業中につらい気持ちになったときに気持ちを落ち着かせるための方法を何個見つけるか！というものが目標で
ふう〜
自分は「何をするとつらくなるのか」「何をすると気持ちが落ち着くのか」と
自己理解を深めて現実を見つめるのも就労に必要な土台作りなんです

ピッキングの訓練
指示書
落ち着く方法が明確になったら実習に参加して得意な業務・不得意な業務を明らかにしていく
対策と気づきですね！
そうなんです 対策をしないで作業を開始すると個人が抱えている問題が悪化することがあるんです なので ある程度気持ちのコントロールが必要です
それも一人一人が自分の得意なことを見つけて生かしていけるようになるためのステップです
自己理解が進むと自分に合う職業合わない職業が見えてくるんですね
はい 利用者本人のなりたい職種の希望があっても適性で合わない場合もあります

そんなときは本人に直接伝えることもありますが人に言われるとやっぱり傷つきます
オレは向いていない！
ズバリ言われると悲しいですよね
ですから適性を自分で把握し考えられるプログラムを組んでいるんです
長期就労につなげるためには適性に合う仕事をするほうがよかったりするんです！
希望する業務に必要なスキルに対して今どのくらいできるのかを伝えることもするのですが
不得意なことだけにしぼって伝えると本人にとってつらく苦しい経験になってしまいますから
どちらかというと得意なことを発見できるように伝えます
苦手なことはこれだけミスしちゃったけど得意なことはこんなにできてるね！

！
そうか！
オレって
こういうことの
ほうが得意で
向いていたんだ
こんな
気づきがあると
前向きですよね
自己理解が
進んできたら
得意な業務が
生かせる業種や
職種を探します
目指したい
職種の業務が
どんなものか
調べたり
こんな職業も
あるよ
さらに具体的に
どんなスキルが
必要か
専門職の人に
直接会って
教えてもらったり
営業はお客様に
自分を好きに
なってもらってから
商品の話を
聞いていただきます
企業の実習に
参加して
自分の得意
不得意を
段階に分けて
目標設定をします
そのために
利用期間が
最長で2年間
なんですね！
こんなことが
できて
こんなことが
苦手の
ようでした
情報
利用者
企業からも
実習の様子を
フィードバック

障害をオープンにするかどうかを踏まえて企業への就活を進めていきますし
入社される前には企業側ともっと働き方を具体的に詰めていきます！
障害をオープンにする
障害者手帳取得
障害者手帳なし
障害をクローズにする
人それぞれ
そういうことも視野に入れていくんだ！
就労先で障害を告知するかどうかも利用者と決めていくんですね
障害をオープンにする人もしない人もいます
クローズにする場合は周囲の配慮なしに働かなければならないためそのスキルを必要に応じて獲得するプログラムを組んでいきます
告知しないイバラの道でも越えたいんだ

でもクローズを希望しても利用者によっては特性で難しい場合もあります
心くばり
「障害をオープンにしたほうが配慮が受けられて働きやすいよ」と伝えることもしています
配・慮・ですか!?
はい
改正障害者雇用促進法で事業者に対して義務づけられている「合理的配慮」というもので
障害のある人が障害のない人と平等に働けるように障害者に発生した困難を取り除くために環境整備や人間関係の調整などを行う義務があるんです

ぼくの取り扱い説明書のようなもの
それやこれ
アレやコレ
これが得意
苦手なことはこれ
こんなことができる
服薬あり
企業側には利用者の細かい特性やどういうときに体調を崩しがちかどういう環境が苦手かなども伝えていきます
おお!
情報をとても細かく共有していくんですね
採用された場合は企業側からどういう配慮を受けることができるのか書面でいただいています
合理的配慮の法的義務
書面って形だけのような気がしちゃうんですけど
実はこれ就労先での配慮が途切れないためにすごく重要なんです!!
なんで君はこんなこともできないんだ
ア…アレ?
新しい上司
上司が異動になった場合今まで受けられていた配慮が全てなくなってしまうこともあるんです!!
え～～

ですから配慮を書面で準備してもらうことで上司が異動になっても引継ぎがしやすいんです
企業
安心
就労の定着のためになるんですね！
就労先のフォローではこんなことも行っています
この作業すごく不快でツライな…断りたいけど直接上司に言いにくい…
言ったら辞めさせられちゃうかも…
こんな悩みをどんどん抱えてしまって体調を崩して辞めてしまうことがあるんです
退職願
どうしても障害の特性上合わないことってありますもんね
自分の要求をどの程度どう伝えたらいいのかわからずにギリギリまで我慢してしまうんです
がまん

そういうことが起こらないよう問題が発生したら就労先と利用者の間に入って
利用者
リタリコワークス
困っていたんですか！
事業主
両者に「伝え方」や「環境整備」の提案を行ったりもしています
うちも障害者雇用をスタートさせるぞ
でも何をすればいいんでしょうね？
企業の中には発達障害や精神障害のある方を初めて採用するところもあるので
企業説明会や直接訪問をして障害についてお話ししたり
障害によって職場にどんな工夫があれば働きやすいかどう伝えるとわかってもらいやすいかなどもお伝えしています
コレは○○のオフィスの様子です
大きい目印をつけてみてはどうですか
なるほど！
そこまで丁寧な支援を行っていたとは知りませんでしたスゴイです！

そして利用者の女性に話を聞いてみました
ニャンコさん（仮名）30代
就労移行支援事業所を利用してみてどうですか!?
そうですね～
気分変調症（持続性抑うつ障害ともいう）
LITALICO《りたりこ》
ワークス
私はここに通うまで就職には後ろ向きでしたし障害者手帳に少し偏見もありました
だけど障害者雇用がどんなものか聞いたり私に向いている職種を提案してもらったりする中で
ニャンコさんはキーの打ち損じが少ないことが強みです
私には障害者雇用が合っているのかも…
それで長く働けるほうがいいのかもしれない…

こう考えられるようになりました以前は接客業をしていましたが自分と合わなくてつらかったです
体力的にもツラッ
ワー
ワー
お客さま
でもここへ来て事務系の訓練を受けてみたら自分にはPC作業のほうが合っていることがわかったんです
今は企業のオフィス見学に行ったりしています
一人で行くのが不安だったのでスタッフさんに同行してもらって心強いですよ
スタッフさんたのもしー
就労移行支援事業所は働きたい人に寄り添いながらマッチングしてくれる場所でした

解説4

就労移行支援・就労定着支援とは

青木聖久

就労移行支援

就労移行支援は、障害のある人が一般就労を目指すために、生産活動をしたり、職場体験などをする障害福祉サービス事業です。2005年に障害者自立支援法（現、障害者総合支援法）が、障害のある人の一般就労を目指して成立しましたが、そのことを最も実際的に目指している障害福祉サービス事業だといえます。あくまでも、一般就労を目指すことから、身だしなみ、履歴書の作成方法、パソコン技術の習得、挨拶の仕方、休憩時間の過ごし方、不意のトラブルへの対応の仕方など、一般就労につながり・継続するためのことを学びます。なかには、宴会時の立ち振る舞いを居酒屋で練習する事業所もあります。一方で、一般就労をした後の暮らしを実感できるように、実際に就労移行支援を経て、企業などで働いている人から、「余暇の楽しみ方や、仕事のやりがい」のような話を聞けるプログラムを用意している事業所もあります。

就労移行支援から一般就労への移行率は、厚生労働省（2019）によると、基本的に年々増加しており、2017年度は26・4パーセントとなっています。

実際に就労移行支援を利用するには、市町村の障害福祉の窓口での相談から始めてください。ただし、どこを選ぶかについては、迷ってしまいます。そこで、相談支援事業所（9ページの図1を参照）の相談支援専門員に相談することをお勧めします。具体的には、以下のような流れで、概ね利用開始となります。その際、障害者手帳を所持しているか、あるいは、自立支援医療（図1の左下参照）を受けていることを証明する医療証を所持しているか、あるいは、精神障害であることが医師の診断書などによって証明されていることが必要となります。そのうえで、①相談支援専門員から複数の事業所を紹介され見学する、②希望する事業所を決定する、③市町村から「障害福祉サービス受給者証」が発行される、④利用開始、となります。

選び方のポイントとしては、❶環境、❷サービス内容、❸就労移行実績、です。❶は、通所のしやすさ、面談スペースの状況などに目を向けると事業所の姿勢が伝わります。❷は、プログラムの内容と、その目的。また、利用者の強みに目を向けた個人メニューの有無も大切なポイントです。とはいえ、個々の事業所には得手・不得手がありますので、特に意識して取り組んでいることを聞いてみてください。そして、なんといっても❸の実績です。就労定着の状況、さらには、その後のアフターケアをどのようにしているかについては、ぜひ聞いてみてください。なお、利用期限は2年間ですが、必要性が認められれば、1年間の延長があります。

就労定着支援

障害のある人は、就労移行支援や、就労継続支援A型・B型、自立訓練などの支援を受けて、一般企業などに就職が決まると、そこからが一般就労のスタートになります。ところが、なかには同僚との人間関係や、生活リズムの変化によって、仕事が続かないことがあるのです。そこで、就労継続支援事業所や就労移行支援事業所などが、就労定着支援の指定を受けると、障害のある人と月に1回以上、面談をしたり、本人の同意を得たうえで職場に訪問して事業主と連絡調整をしたりすることができます。

ただし、就職して6か月間は、支援をした就労移行支援事業所などが関わることになっています。そのため、就労定着支援の利用は、就労移行してから6か月経過後の3年間となっています。

○厚生労働省（2019）ICTアクセシビリティ確保部会説明資料「障害福祉サービスにおける就労支援」

4　就労継続支援事業所に行ってみた

こんにちはー
今回は千葉県千葉市にあります
オリーブ轟
「オリーブ轟《とどろき》」にお邪魔しまーす

5種の福祉サービス
オリーブハウス
弁当製造
食堂
いらっしゃいませ
お食事処
喫茶
福祉ショップ
清掃
etc
「オリーブ轟」は障害がある人に生活介護支援や就労支援などの福祉サービスを行っている「オリーブの樹」グループの一つです

「オリーブ轟」の就労継続支援をレポートします！

理事長の加藤さんと施設長の武井さんにお話を伺います
よろしくお願いします
こんにちは
施設長
武井美穂さん
理事長
加藤裕二さん
早速ですが
ちんぷん
かんぷん
就労継続支援と就労移行支援はどう違うのでしょうか？
就労移行支援は一般企業への就職を希望する利用者に就職するために必要なスキルを身につける支援を行うものですが
就労移行支援で
支援サービスを受けられる
期間は原則２年間まで
たくさん働けない
ムリせず働きたい
就労継続支援は一般企業への就職は難しいけれど働きたい人の就労を支援するものです
就労継続支援は
支援サービスの期限がない

そして就労継続支援はA型とB型の二つがあるんですよ
えっ二つ!? ややこしいわ

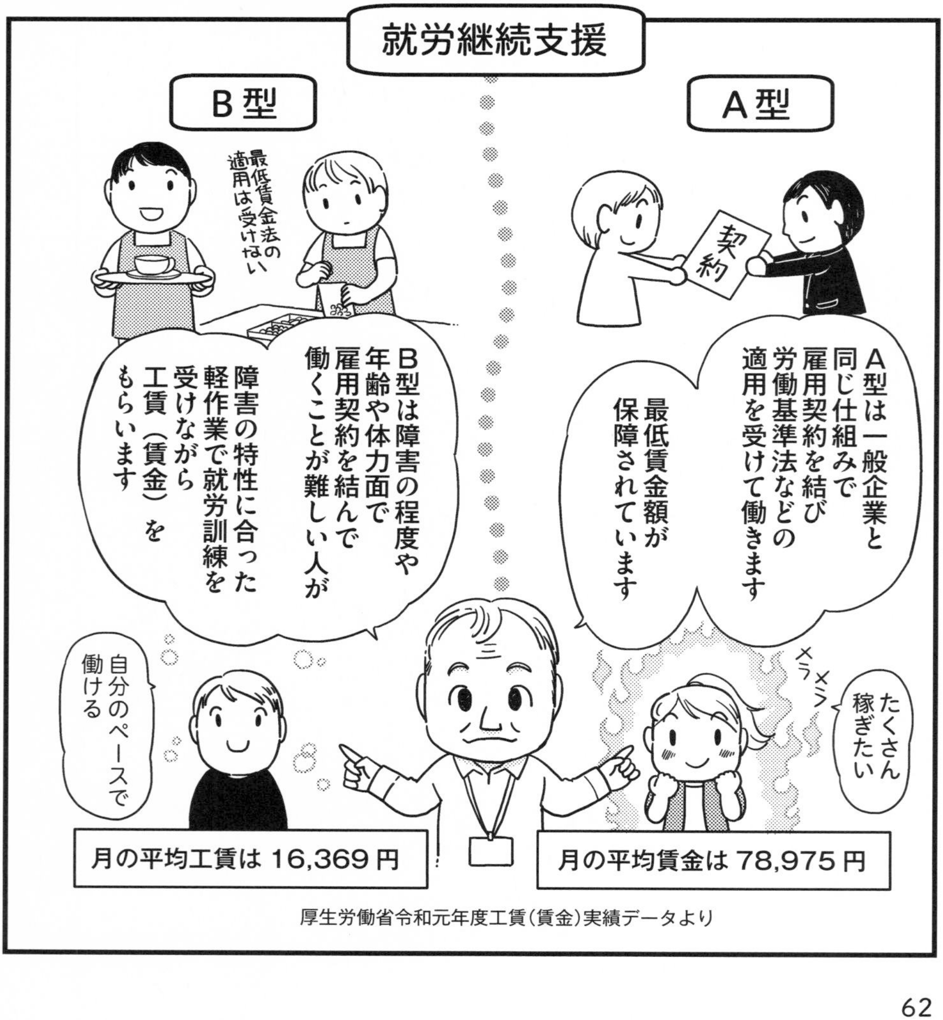
就労継続支援
A型
契約
A型は一般企業と同じ仕組みで雇用契約を結び労働基準法などの適用を受けて働きます
最低賃金額が保障されています
B型
最低賃金法の適用は受けない
B型は障害の程度や年齢や体力面で雇用契約を結んで働くことが難しい人が
障害の特性に合った軽作業で就労訓練を受けながら工賃（賃金）をもらいます
たくさん稼ぎたい
メラメラ
自分のペースで働ける
月の平均賃金は 78,975 円
月の平均工賃は 16,369 円
厚生労働省令和元年度工賃（賃金）実績データより

A型とB型では工賃(賃金)にけっこう差があるんですね
各々の目標とする工賃を定めその工賃が得られるように努力します
自立や就労が障害者総合支援法で定められていますが誰でもバリバリ働けるわけではないので
B型は社会活動に参加することを目的としているところもあります
A型とB型の違いがわかりました
それで2つあるんですね
ピクッ
ここのA型事業はランチ班とクッキー班があります
今まさに作業中ですのでご覧になってください
はいぜひ♡

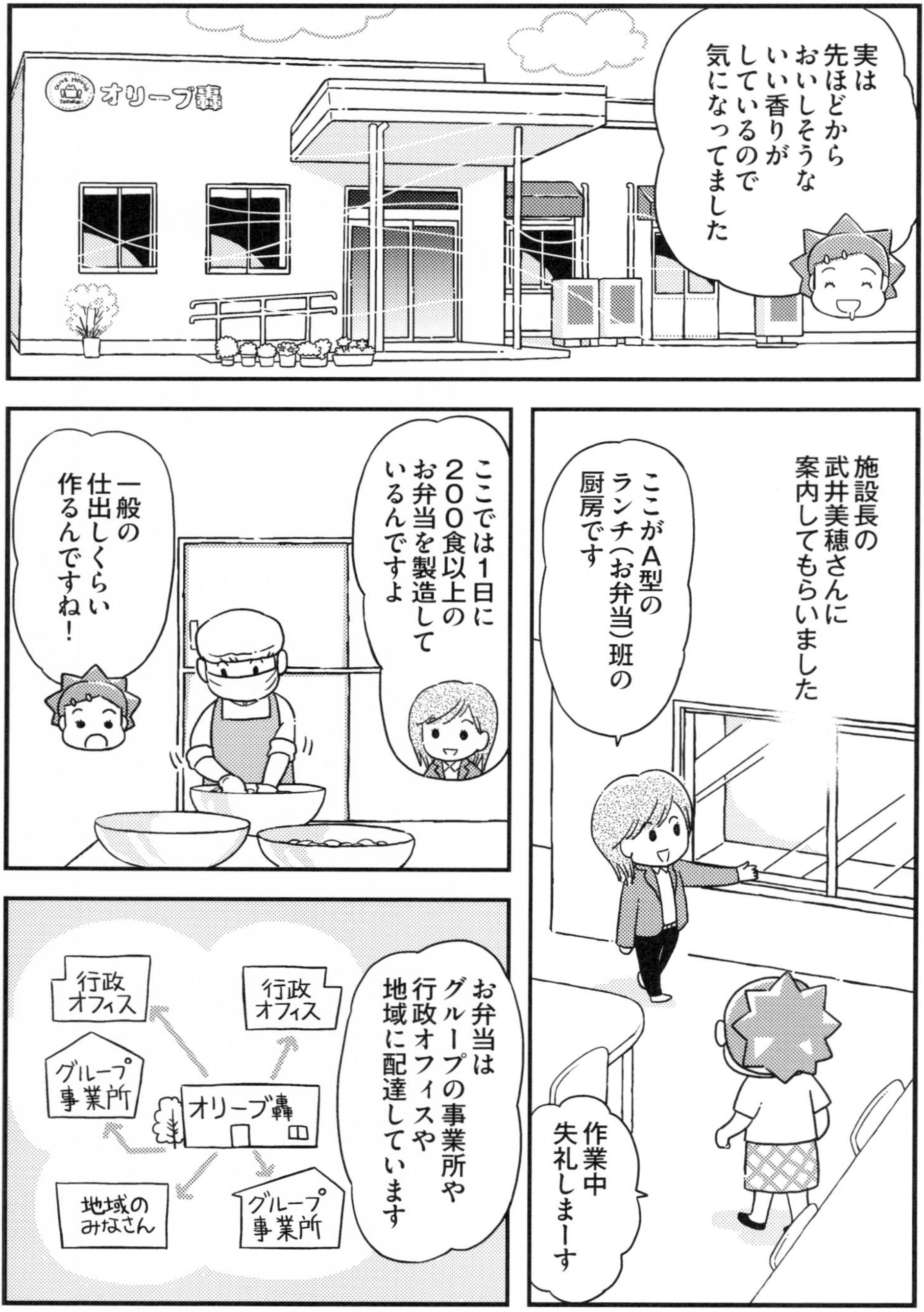
オリーブ轟
実は先ほどからおいしそうないい香りがしているので気になってました
施設長の武井美穂さんに案内してもらいました
ここがA型のランチ（お弁当）班の厨房です
作業中失礼しまーす
ここでは1日に200食以上のお弁当を製造しているんですよ
一般の仕出しくらい作るんですね！
お弁当はグループの事業所や行政オフィスや地域に配達しています
行政オフィス
行政オフィス
グループ事業所
オリーブ轟
地域のみなさん
グループ事業所

A型利用者と職員が一緒に作業をしています
でもほとんどの人が職員と同じレベルで働いているんです
うちのお弁当はおいしいですよ！
調理の準備や分量の算段や時間内に均等に作り上げることなど大変な作業ですよね
はい でも仕事を続けていくと上達しますよ
大口の注文があるときは早朝から仕込みをしてお客様の要望に応えています
おお！責任感強いですね
私だったら起きられないな
AM 6:00 早朝登所
AM 7:00~9:00 通常登所 就労
AM 12:00 昼食
PM13:00 就労
PM15:00 終了
通常は午前7~8時の時差出勤なんですがここぞというときは早くから頑張ってくれるんですよ

A型で働く人の中には障害があっても「バリバリ稼ぎたい」という人がいるんですよ
自立したいという人や親なき後の生活に備えている人などいろいろです
クッキー班には20年以上も勤めている人がいて障害のあることがわからないくらい仕事ができます
そうなんですか～
そのクッキー班の様子もご覧になりますか？
こちらです
はい見たいですー
こんにちはー
彼女は今クッキーにアイシングを塗っているところです
わー甘い香りが漂ってる～♡

いまはやりのお化粧クッキーですね!
粉砂糖や卵白で作るデコレーションクリームで絵を描く
よかったら召し上がってください
こういう丁寧な作業が得意な人がとにかく多いんですよ!そういう強みを商品に生かしていきたいです
いただきます
市民会館の喫茶もうちのA型事業が請け負っていてそこでクッキーやパウンドケーキを販売したり
役所や地域のイベントそれに一般企業向けの商品も多数作っています
ここにあるのが出荷用のクッキーです
えーこんなに!
多くの注文をこなすのは大変ですがみんなの働きがいになってるんです
新作のみそクッキーうますぎ

几帳面な特性がある人にはレシピ通りに分量を守ることや
作り方のコツを繰り返し守ることも向いているんでしょうね！
職員さんの営業努力もあって事業全体に活気が出てきますよね
グループの事業所ではアイスも製造しています
ハッ ついまったりしちゃった
次はB型の活動も教えてください
B型はA型と違って雇用契約を結んで働くことが難しい人が
体力や特性に合った軽作業を行っています

作業の種類でいうとA型のクッキー班で製造した商品をB型事業で販売しています
グループ事業所の販売所
オリーブ轟
行政施設の販売所
学校の文化祭バザー・イベント
秋などイベントの多いときは1日に30か所を手分けして販売するんです!
それは大忙しですね
その他 市営住宅やコインパーキングの清掃を行ったり地域のためになることを目指してます
マルチ印刷機を使って名刺・チラシ・冊子などの受注印刷もしています
株式会社
○○○○ジャパン
立派な印刷機ですね〜
操作は職員が行って印刷物をまとめるなど簡単な作業を利用者に任せています
イベント用のお菓子のラベルも刷ってますよ

でも毎日作業ばかりしているとモチベーションが下がりますから
定期的にカラオケ大会やダンス発表会などイベントを設けて楽しんでいます
わかります～楽しい目標も必要ですよね
A型の利用者はイベントよりも「仕事がしたい！」と参加しない人もいますがそれもアリです
特別支援学校を卒業して就労継続支援を利用する場合
うちの子A型とB型どっちに向いているのかしら？
…と悩む親御さんもいると思いますがどう決めているんでしょう？
それについては理事長の加藤裕二さんにお話してもらいました
一番大事なのは働く意欲です
2～3日実習を行ってから親御さんと相談しながら決めることにしています

トレーニングを積んでもA型の作業が難しいと判断したときはB型を勧めていますし
A型で働いてスキルを積んで一般企業に就職する人もいるんです
企業
就労に結びつかない人では苦手な部分をどうフォローすればステップアップできるのか探っていきます
……
手順に戸惑う
逆に強みになるところはどこなのか就労につながっていける部分を早く見つけてあげることも大切にしています
彼の長所は同じ作業を飽きずにできることだ
特別支援学校の先生や親御さんはお子さんの苦手なところを言いたがらない傾向にありますが
ははははは
事前に「苦手」を伝えてもらえるとこちらが見つけやすくなっていいんですよ
利用者のために適切な支援が早く開始できるわけですね！

就労継続支援事業所って働きたい利用者の体調や障害の程度に合わせて働ける場を提供してくれる場所なんですね！
就労継続支援を利用するのに必要なことを教えてください
朝起きられて自分で登所ができればそれだけで大丈夫ですよ
おはよう
グループホームで一人暮らしをしているため起きられなくて休みがちになってしまう人には
もう起きますよ
職員が起こしに行くこともありますが
親元で暮らしている人は早起きを習慣としてほしいですね
作業面では何ができていたらいいでしょうか？

学校や家で軽作業ができることは喜ばしいのですが施設や企業ごとに作業に決まりがありますから
Bye
覚えたやり方
よろしくね
新しいやり方
心機一転ここで新しく覚えて「一生懸命やろう！」と切り替えることができるといいと思います
歯磨き
爪切り
散髪
ヒゲそり
清潔
複雑で細かいことができるよりも生活習慣や身だしなみが整っているほうがいいんです
ADHDと広汎性発達障害
んん……うちの子それが難しいのよね〜
それから親とケンカしてイライラしたり落ち込んだりゲームをしてついつい夜ふかしをしたり寝坊したりなど
少しは話を聞きなさいっ
うるさいなー

家で起こったことは
翌日の活動に大きく
影響しますから
働くために
家でどう
過ごすかも
大事です
働く意識が
培われて
生活が習慣化
されていくと
20年30年と
継続して働ける
ようになります
A型の
クッキー班に
20年以上働いて
いる方がいるん
でしたよね!?
はい
そうです
彼は
ここで作っている
全種類のクッキーの
作り方をマスター
しているんです
オオー
職人ですね
カッコイイ!
お任せください
フルーツケーキ
オートミール
みそ味
ゴマサブレ
レモンサブレ
チョコチップ
バタースコッチ
カットケーキ
etc.
彼のご両親は
彼のスキルが
高いことを
何年間も知らなくて
えっ!
あの子が
そこまで
できるの!?

家で調理を一切しないし仕事の話もしないからわからなかったわ〜
〜♪
職場ではしっかりしていますよ
こう驚いて喜んでいました
長く就労すると彼のようにその場になくてはならない人となりみんなから信頼されるようになってきます
一人一人がそうなれるといいです
一般企業に就職するだけが働き方じゃないんですね…
それに働きやすい環境があるから働く意識もやりがいも生まれるんでしょうね
就労の中で仲間と助け合ったり一緒に笑ったりして生きる喜びを感じてほしいと思っています
オリーブ轟
障害があっても働きたいという思いを受け止めてくれる頼もしい支援の現場でした

解説5

就労継続支援A型・B型とは

青木聖久

就労継続支援A型（以下、A型）、就労継続支援B型（以下、B型）は、障害のある人が、日中の暮らしの安定とともに、充実を目指して利用する就労系福祉サービス事業です。

具体的な利用にあたっては市町村の障害福祉の窓口に行くと、住んでいる地域のA型とB型の一覧を知ることができます。そのうえで、できれば相談支援事業所に行って相談し、複数の事業所見学をお勧めします。その際、利用者の年齢層、就労内容、賃金、プログラムの有無や内容、休憩スペースやトイレなどの環境設備、送迎サービスなどを確認してください。

一方で、多機能事業所といって、A型とB型をはじめ、二つ以上の障害福祉サービス事業を一体的に行っている事業所があります。その場合、他の事業種別と比較することで、事業所の特徴がより鮮明に見えやすくなりますので、併せて見学するといいです。そして、利用開始の流れは、就労移行支援を利用するときと基本的に同じで、最終的に「障害福祉サービス受給者証」の発行を受け、利用開始となります。

就労継続支援A型（雇用型）

A型を利用する人には、大きく二つのタイプがあります。一つ目は、一般就労をすることを目指して、体力をつけたり、生活リズムを整えたり、企業などでの就職を目指す人です。二つ目は、自らの障害特性と折り合いをつけながら、一定の賃金を得ることを希望する人です。また、

A型では、雇用契約を結んで就労することになりますので、労働基準法による最低賃金が守られます。また、週に20時間以上の労働をすると雇用保険に加入することになったり、さらに、労働時間によっては社会保険（健康保険や厚生年金保険）にも加入することになります。

就労の中身としては、パソコンのデータ入力、梱包作業、クリーニング、お弁当作りなど多様です。ただし労働法規に基づいた賃金が支払われるので、一定の労働成果を求められます。

就労継続支援B型（非雇用型）

B型はA型に比べると、障害のある人のペースに合わせた緩やかな就労になっています。利用の目的の幅は広く、最終的に一般就労を目指す人から、生活リズムづくりや、社会参加の機会を得ることを目的とした人まで、さまざまです。また、労働契約を結びませんので、賃金は、出来高払いとして月の売上を就労した人で按分《あんぶん》するというような方式が概して多いといえます。

就労の中身としては、部品の組み立て作業、カフェ、パン工房、自主製品作り及び販売、清掃をはじめ、多様な内容となっています。ただし、A型と異なり、体調に合わせながら就労参加がしやすいこともB型の特徴です。また、障害とのつき合い方や、周囲とのコミュニケーションのとり方などをはじめ、日常生活が安定したり、向上したりするプログラムを週に1回程度設けている事業所も珍しくありません。

かたや、複数の一般企業とつながりがあり、就労移行の実績が豊富な事業所もあります。

地域活動支援センター

一方で、居場所機能をより前面に出している事業が、地域活動支援センターです。地域活動支援センターは、障害のある人が、地域での安心・安全な場として利用できることを目指します。そのことから、週に1回の利用や、午前中だけ、あるいは、昼食のみの利用を認めているところもあります。また、「障害福祉サービス受給者証」が不要なことをはじめ、利用できる人の範囲は広くなっています。

5　自立訓練(生活訓練)事業所に行ってみた

発達障害のある人に自立訓練（生活訓練）の場を提供しているKaien市ヶ谷自立訓練事業所にやってきました！
こんにちはー！
自立訓練についていろいろ教えてください
スタッフでブリッジコンサルタントの鳥集《とりだまり》健志さん
発達障害のある人が自立できるようにライフスキルや人とのつき合い方就職など社会参加をトレーニングするんです
障害のある人と社会をつなげる橋渡し役のブリッジコンサルタントである我々スタッフが利用者の相談やアドバイスを提供する福祉サービスです
ライフスキル
ルールマナー
職業訓練
ハウスワーク
などなど
自立訓練は事業所によっては作業をしたりするところもあってその内容はいろいろ異なります

自立というと一般的に一人暮らしのイメージがありますよね
「自立」もいろいろな捉え方があると思っています
ここを利用している人でいうと一般就労や一人暮らしをすることだけではありません
大学や学校に通いたい
Aさん
就労継続支援B型に通いながら自分のペースで働き一般就労の準備をしたい
Bさん
こういった目標で利用している人もいます
「自分の目標ないし希望をつくる場所」なんですね！
利用者は何歳くらいの人がいますか？
20代がほとんどで精神障害者保健福祉手帳を取得している人が多いです
受給者証を取得すれば利用できます

自立訓練ができる場所があるって発達障害のある本人だけでなく親もとても助かるんじゃないでしょうか？
うちの子にもピッタリだわ
ADHD
世間のルールだりーよ
自立訓練ができるところができてよかった！
はい 就労移行支援事業所などを利用している人の親御さんから要望があって
ここを開設してすぐに利用者が満員になりました こういう支援は必要とされていると感じました！
利用期間はありますか？
就労移行支援と同じ2年間です
利用者の中には利用期間の2年をフルに使わずに1年間で卒業して次の場所に進んだ人も何人かいます
自立訓練（生活訓練）事業所を卒業
就労移行支援事業所
就職
大学や専門学校
などなど
「就労移行支援と自立訓練のどちらが自分に必要なんだろう？」って迷う人もいるんじゃないでしょうか？
迷ったときは弊社のHPにあるチェックリストをやってみてほしいです

この項目が自分に多く当てはまる人は自立訓練（生活訓練）がおすすめです
少ない人は就労移行支援がおすすめです
チェックリスト
1. これまで学業が精一杯で将来を考える余裕がなかった。
2. 睡眠を中心とした生活リズムがまだ整っていない。
3. 食事・洗濯・片づけなど、日々の生活が親任せである。
4. 自分一人でお金の管理ができない。
5. 服薬管理を含めた病院、クリニックのやりとりが一人では難しい。
6. 健康保険・年金・障害者福祉など行政制度を知らない（使えない）。
7. 怒りや悲しみ、不安などの感情コントロールの方法を知らない。
8. 対人コミュニケーションが苦手で喋りすぎ（喋らなすぎ）である。
9.（就労移行の利用限度である）２年間だけでは就職できない気がする。
株式会社 Kaien ホームページより (https://www.kaien-lab.com/)
当事者の希望を第一に親御さんの希望をふまえて利用者一人一人に合わせた支援に取り組んでいます
助言など具体的にどんな話をするんですか？
朝起きられない人では1日の行動や夜間何をしていたか詳しく話を聞いてどこにつまずきがありそうかを整理し取り組んでみたいところを一緒に考えていきます

医師に相談せず服薬を勝手にやめてしまう人には医師への相談を促したり
再発しやすい病気だから症状が軽快しても服薬を中止したら症状が不安定になる可能性がありますよ
医師に自分の状態をどう説明していいのかわからない人では「伝え方」の練習をしたりしています
慌てないように症状や質問を書いたメモを用意しておくといいですよ
なるほど
行政制度については制度などを伝えるよりも状況に応じたやりとりを担当者とどうやって交わすのかを学びます
生涯関わることですから覚えたいですよね
どう伝える?
○○のときは
こう言う
ああ言う
これも言う
これはダメ
返事を待つ
他にも親御さんと折り合いが悪く
時間を守って!
規則正しい生活をしてちょうだい
親の言い分
親子の関係が不安定な人がいた場合は橋渡しをすることもあります
子の言い分
うるさいな自分のペースでやりたいのに
バチバチ

○○さん（利用者）は お母さんのことを ムシしているわけでは なくて 今はとても不安定で おつらいんです
スタッフ
そうなんですか
面と向かって お互いの言い分を ぶつけてしまうと ケンカになって 余計にこじれてしまいますよね 親子関係の修復に 我々が適度に 介入することも あります
お母さんが ○○さんに 厳しく言うのは 親心からで とても 心配しているんです
うん……
保護者にも 相談できる相手が 必要ですよね
家庭の問題は 日中活動に 影響してしまいます 安定した 生活があるから やりたいことや 目標に向かって いけるんです
目標
夢
グラ
グラ
土台作り
○○さんは 実は△△といった 特性があって □□が苦手です
まぁ！
面談
それには 親御さんに ご本人の特性を 理解してもらう 必要があります
定期的に面談を 設けて 特性の話をして 家庭でできる フォローの話なども しています

今はコロナ禍をきっかけにオンライン面談も行っています
福祉もリモートの時代なんですね！
精神的な問題で外出が難しくて普段から社会と関わることができなかった人ではオンラインの支援はメリットがあると感じています
オンラインで自立訓練に参加することから徐々に社会との関わりを深めていってほしいと思います
利用者が自立訓練を利用しようと決める理由はなんでしょうか？
親御さんが事務所を見つけてつながっていくケースが多いですね
ガヤガヤ
セッションが始まりました質問時間を設けますので皆さんに質問してみますか？
急遽参加していいんですか!?
訪問者の突然の質問に答えることも利用者の学びになるのででしたらよろしくお願いし…
――って鳥集さん聞いてない…
このあいだの○○は△△なのかな
あれは○○で□□□すると
利用者とわきあいあい

セッションはブリッジコンサルタントがファシリテーター（進行役）となり利用者全員で週の予定やカリキュラムの内容を確認します
では月間スケジュールから来週の予定を見ていきます
オンライン参加の利用者ともつないでいる
来週は皆さんの趣味について話してもらったり薬のことを学んでいきたいと思います質問や意見を書き込んでおいてください
利用者が書き込めるページを使っていろいろな人の意見を見ることができる
セッションの合間に質問タイムを組みこんでもらい利用者に自立訓練の感想を伺いました
20代 Tさん
うつ症状がある
僕は以前通っていた事業所があったのですがうつ状態になり通えなくなってしまいましたでも一人でいるよりも福祉事業所とつながっていたほうが症状が良くなると思って自立訓練事業所には10か月通っていますが症状は少し改善してきました
パチ
パチ
パチ

私は自分の特性を理解して乗り越える方法を学んでいきたいと思っています
20代 Eさん ADHDと睡眠障害がある
正しい生活リズムで暮らしたくて利用しています
また大きな失敗のときのリカバリーの方法を学んでいきたいと考えています
目標は「自分のお金で肉を食う！」です
パチパチ
肉を食べられる生活水準を目指したいですそれがカッコイイと思っています！
パチパチ
利用を始めて一人で食事の用意ができるようになって将来は一人暮らしをしたい人や一般就労で就職することが目標の人など皆さん短時間で言葉をまとめて自己表現してくれました
パチパチ
パチパチ
セッション以外にもたくさんのプログラムがあります
感情コントロール
困ったときの相談先
相手の気持ちを考える
ソーシャルスキル
会話を始める
キャリアプランニング
優先順位のつけ方
発達障害とは
会話を終える
税金と社会保障について

皆さん自分のことを上手にまとめて発言されていましたね ところで鳥集さんは利用者と話すときとてもフレンドリーなんですね！
あははは
そーですね
皆さんに親しんでもらえるようになんですがビジネスモードよりも普段の僕で接するようにしているんです
僕はゲームが好きなのでお昼休みに一人で過ごしている人をゲームに誘ったりもしています
一緒にやらない
みんなもやらない？
他の利用者も誘ってみんなでやって横のつながりができたら
そのうち僕がいなくても交流するようになっていきます
一人にさせない工夫をしているんですね！
ぼっちに優しすぎる♡
泣かないでください
他者と接したい方もいるので仲間ができる環境作りも大事にしています 一方自分の世界を大事にしたい方もいて各々に合わせています

仲間と過ごす中で自分の目標ややりたいことを見つけてもらいたいです
僕らはそれを引き出す役目です
引き出すって趣味の話などからですか？
興味
好奇心
可能性
やりたいこと
夢とかってないなぁ〜
趣味がない人もいるんですよ 自身の希望が明確でなかったりまだ何を目標にすればいいのか見えてない方もいます
そうなんですか！ 若い人っていろいろな欲や希望があるとばかり思っていました
それらの人にはどう引き出すことをするんですか？
他の利用者の目標を聞いてみたり就労継続支援事業所や企業を見学して会社のイメージを作ることで形にしていきます
就労移行支援事業所
企業
ああなりたい
こういうことしたい！
自立には希望の形成も必要です
希望を形作ることができるような促しも支援の一つです
社会で生きていく上で必要ですもんね！

事業所から飛び出して外に学びを求めることもありますよ！
今日は買い物してマンガ喫茶にも行ってみようか！
はい 行ってみたいと思ってました
私 起業したいんです！
逆に大きな夢をもつ人もいます
その場合は応援するだけじゃなくて目標のために自身が抱えている特性の理解を伝えるようにしています
今の声のボリュームだと起業したときに一緒に働く人には聞き取りにくいかもしれないよ
周りの人はもっと大きい声で話すから君の言葉が周りに伝わりづらいんだ
そうなの！
周りの人が常に気をつけてくれるわけではないから自分なりの伝え方を獲得しておくとより働きやすくなると思いますよ
助言をすることで希望を変更する人もいますし希望に向けて突き進む人もいます
親しい人に悩みを相談したときにズバリ！と言われる愛ある助言ですね
でもそうやって自分の特性に気がついていったり特性と向き合っていくんですね!?

利用者の多くは自己表現が苦手だったりするので自己表現についても伝えています
……
えと……
あの、
スタッフになんて声をかけていいのかわからない
話しかけるタイミングがわからない・話を終える方法がわからないなど対人コミュニケーションの課題にはSST（ソーシャルスキル・トレーニング）を用いています
……
……
利用者同士仲良くなりたいけど何を話したらいいのかわからない
SSTって障害者が健常者の社会に溶け込んでいくためのトレーニングって気がしています
健常者のやり方につき合って社会に溶け込むよりも彼らが彼らの目線で社会に属する楽しさを感じて生きてほしいと思っています
心が折れやすい人だと社会に出ることはとても勇気がいりますよね
ここでみんなとつながりながら成功体験を増やしていって立ち直る力をつけていってほしいと思っています
失敗した……

あのとき
頑張れたんだから
今度も
乗り越えられる…！
ぐっ
社会に出るのに
立ち直る力は
絶対に必要に
なりますから
最低限のライフスキルと
立ち直る力をつけて
ほしいです
親が伝えきれない
ことや
学校などの集団生活で
経験できなかったことを
補ってくれるんですね！
家事が全くできない
うちの息子も
なんとかして
もらいたいわ！
やりなさいって
言うと
ケンカに
なっちゃうし
教えても覚えようと
しないんです！
うちの
プログラムに
調理や洗濯の
実習が
ありますよ
障害を理解してくれる
スタッフに囲まれて
安心安全な場所で
ゆっくりと社会スキルを
高めていける
自分で生きる
土台作りを
教えてくれる場所でした

解説6

自立訓練（生活訓練）とは

青木聖久

障害のある人の中には、学校を卒業したものの、家から出ることや、人に関わることに不安を抱いている人もいると思います。そこで、社会とつながることや、将来的には就労を目指し、「生活技能を高めたい」、「自分の興味や関心がどのようなものであるかを知りたい」、という人がいます。一方で、すでに地域生活をしている障害のある人が、今後の暮らしの改善を目指し、「日常生活における対処技能を向上させたい」というような希望をもっていることも考えられます。

このようなことを踏まえ、自立訓練（生活訓練）は、障害のある人が自立した日常生活を送ることができるように、生活能力の向上を目指して訓練をする障害福祉サービス事業として位置づけられています。そのため事業所は、日常生活の様々な場面を想定し、プログラムを組んでいます。例えば、①生活の基本的な過ごし方として、服装や、金銭管理や食生活のあり方。②人間関係として、周囲の人たちとのコミュニケーションのとり方。さらには、③障害受容を含めた自分自身との向き合い方。④社会資源の活用として、障害者手帳や障害年金の活用方法。⑤専門職への相談の仕方、などを学んだりします。

具体的な取り組みとしては、ＳＳＴを用いたり、単身生活をしている障害のある人から体験談を聞いたり、金融機関のＡＴＭで操作方法を学んだりします。ちなみにＳＳＴとは、social skills trainingの略で、社会生活技能訓練、つまり、社会的なスキルを訓練によって身につけることを目指すものです。
自立訓練のスタイルとしては、基本は通所型です。また、他のスタイルとしては、事業所のスタッフが利用者の自宅に伺う訪問型や、施設に入所して訓練を受ける、宿泊型自立訓練もあります。
利用対象者は、主に発達・知的・精神障害がある人となっています。そして、利用終了後は、就労継続支援A型・B型を利用する人、一般就労を目指して就労移行支援を利用する人、一般就労をする人、さらには、大学や専門学校に進学する人をはじめ様々です。
事業所の選び方のポイントとしては、その事業所が提供する自立訓練（生活訓練）のプログラム内容がどのようなものであるかを確認し、できれば、先に体験することをお勧めします。また、利用期限が2年間となっていることから、その後の利用者がどのような日中活動を過ごしているかを聞いてみることも重要だと思います。
とはいえ、いきなり見学して、その場で矢継ぎ早に質問するのは気を遣います。そのことから、相談支援事業所の相談支援専門員を通しての見学が望ましいといえるでしょう。そうすることによって、見学を終えてから、別の場所（自宅、相談支援事業所）などで、質問をすることができます。また、人は誰しも、その場で思いつかないことも、時間が経過したり、場所が変わったりすることで、「そういえば」と思うことが少なくありません。また、何よりも、相談支援専門員の助言を受けられることが魅力です。
そのことからも、自立訓練（生活訓練）をはじめとする障害福祉サービスをよりよく利用するためには、ぜひ、自身の障害を客観的に捉えつつも、自身の希望を中長期的な視点から考え、助言をくれる、まさにマネージャーとしての相談支援専門員を選任することが重要だといえるでしょう。
また、類似の名称の、自立訓練（機能訓練）というものがあります。これは、主に身体障害のある人が利用するサービスで、身体機能のリハビリテーションを受けることになります。

6　特例子会社に行ってみた

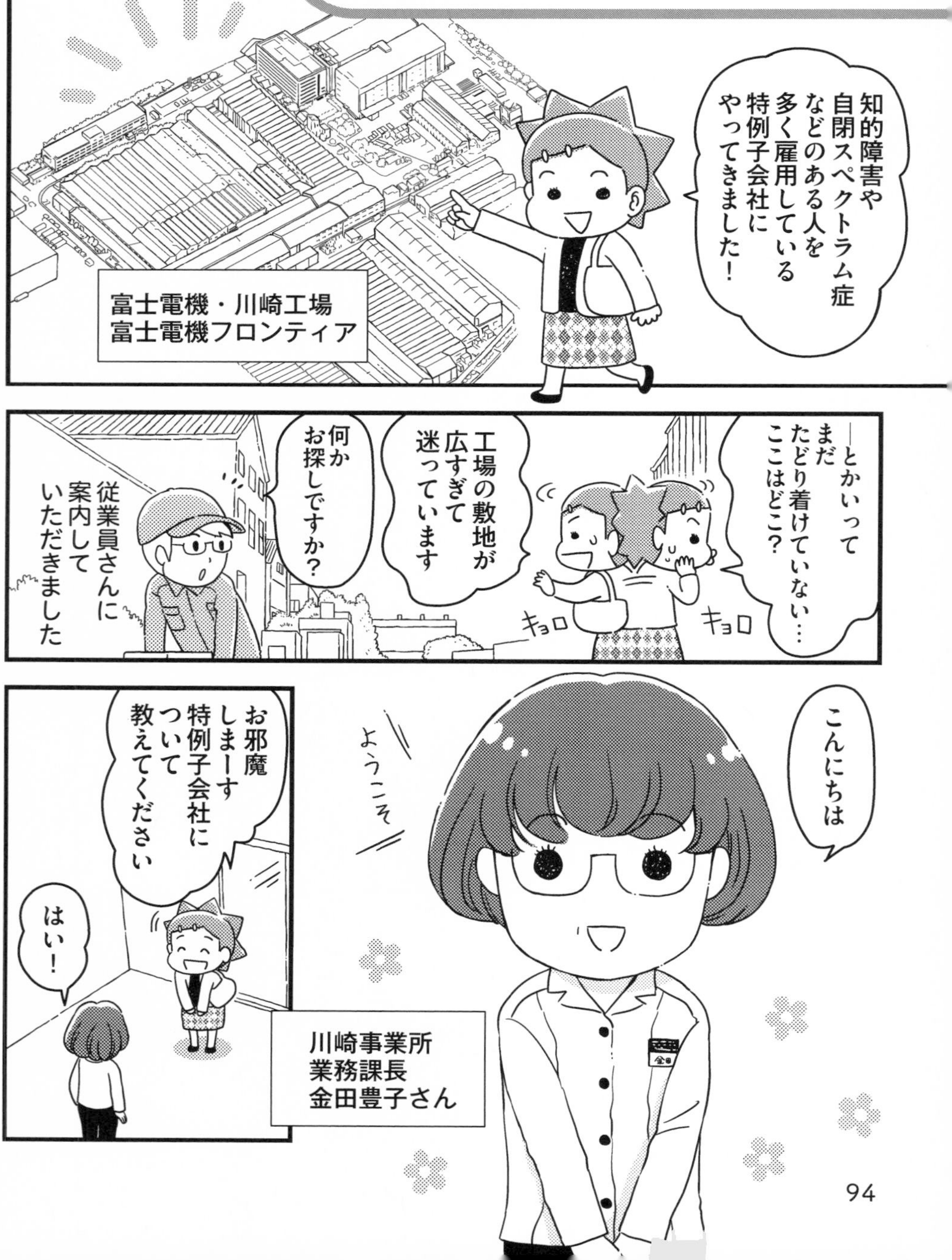
知的障害や自閉スペクトラム症などのある人を多く雇用している特例子会社にやってきました!
富士電機・川崎工場
富士電機フロンティア
ここはどこ?
まだたどり着けていない…
—とかいって
キョロ
キョロ
工場の敷地が広すぎて迷っています
何かお探しですか?
従業員さんに案内していただきました
こんにちは
ようこそ
川崎事業所
業務課長
金田豊子さん
お邪魔しまーす
特例子会社について教えてください
はい!

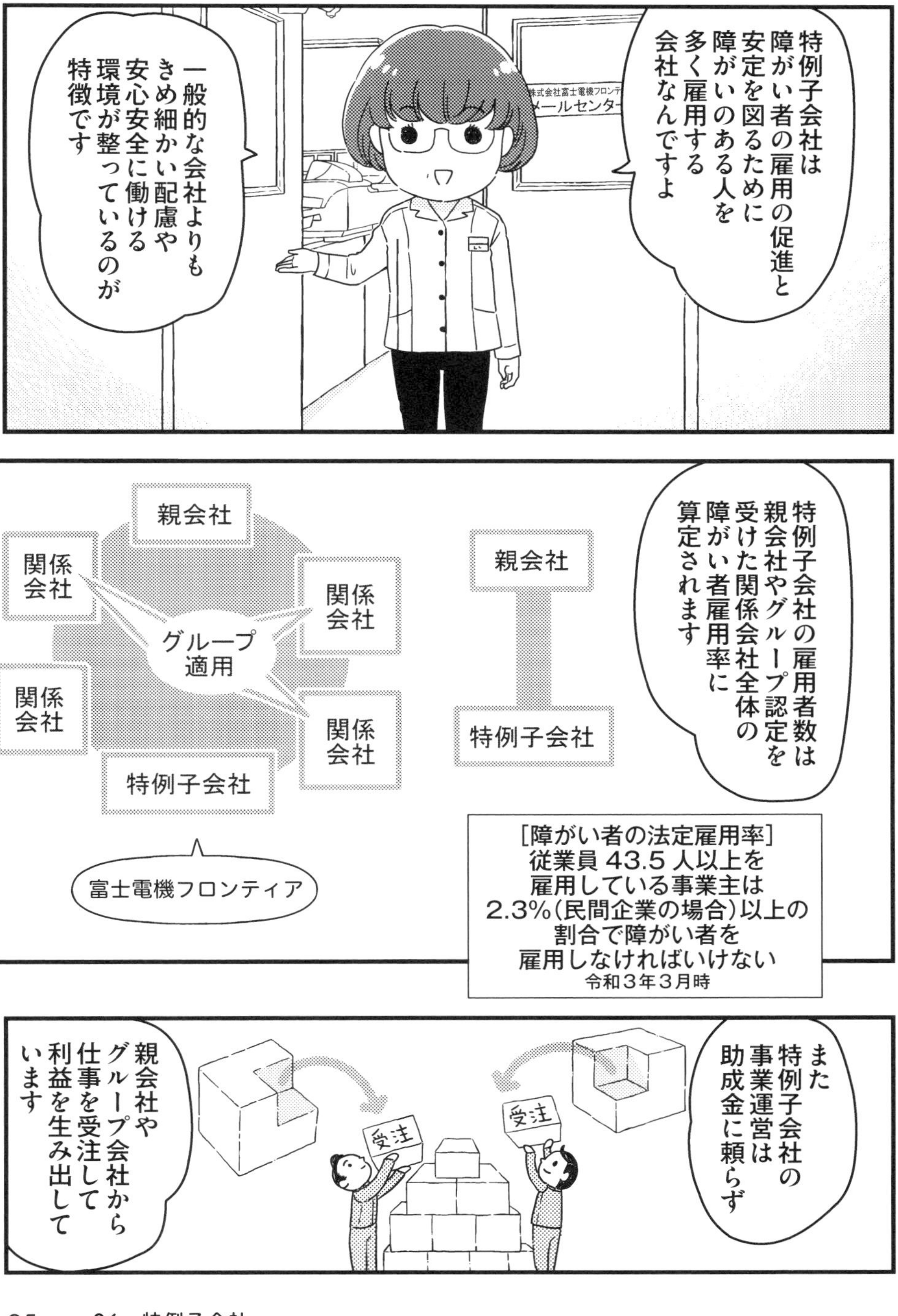
特例子会社は
障がい者の雇用の促進と
安定を図るために
障がいのある人を
多く雇用する
会社なんですよ
一般的な会社よりも
きめ細かい配慮や
安心安全に働ける
環境が整っているのが
特徴です
特例子会社の雇用者数は
親会社やグループ認定を
受けた関係会社全体の
障がい者雇用率に
算定されます
親会社
特例子会社
親会社
関係会社
関係会社
関係会社
関係会社
特例子会社
グループ適用
富士電機フロンティア
[障がい者の法定雇用率]
従業員 43.5 人以上を
雇用している事業主は
2.3%(民間企業の場合)以上の
割合で障がい者を
雇用しなければいけない
令和3年3月時
また
特例子会社の
事業運営は
助成金に頼らず
受注
受注
親会社や
グループ会社から
仕事を受注して
利益を生み出して
います

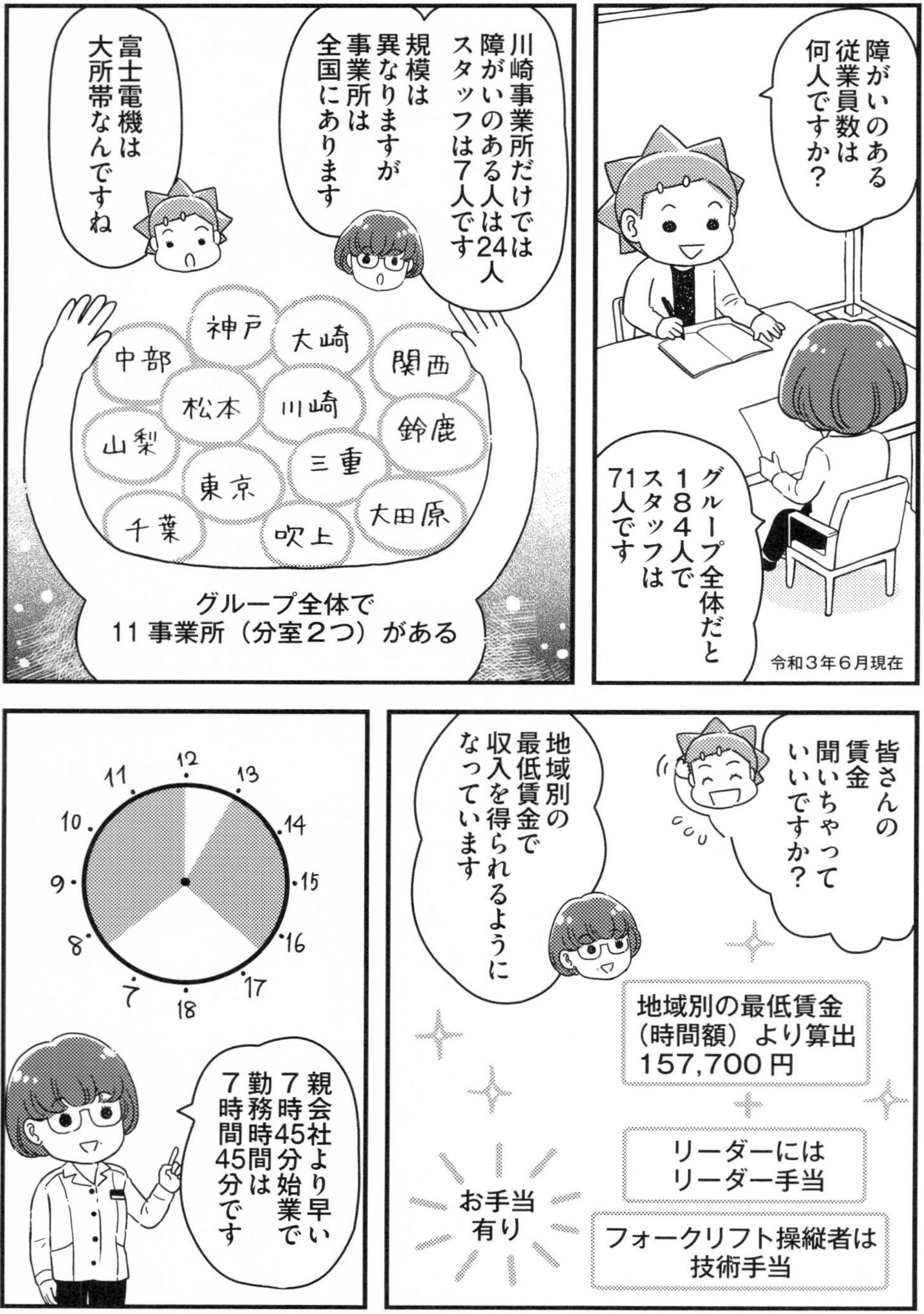

障がいのある従業員数は何人ですか？
グループ全体だと184人でスタッフは71人です
令和3年6月現在
川崎事業所だけでは障がいのある人は24人スタッフは7人です
規模は異なりますが事業所は全国にあります
富士電機は大所帯なんですね
神戸
大崎
中部
関西
松本
川崎
鈴鹿
山梨
三重
東京
大田原
千葉
吹上
グループ全体で
11 事業所（分室2つ）がある
皆さんの賃金聞いちゃっていいですか？
地域別の最低賃金で収入を得られるようになっています
地域別の最低賃金
（時間額）より算出
157,700 円
リーダーには
リーダー手当
お手当
有り
フォークリフト操縦者は
技術手当
12
13
14
15
16
17
18
7
8
9
10
11
親会社より早い7時45分始業で勤務時間は7時間45分です

設立のきっかけってなんでしょうか？
社員の家族に障がいのある子がいてその子たちが働ける場所作りの声があがったことが始まりです
富士電機フロンティアは平成6年に設立されました最初は10人の障がい者でスタートしました
特別支援学校
ハローワーク
特例子会社
現在は特別支援学校を卒業した人やハローワークなどから人材を募っています
私は設立当初から27年間指導員を続けています
金田さんは障がいのことに詳しかったのですか？
いいえ障がいのことは全くの素人でノウハウが何もないところからのスタートでした
27年間いろいろ大変なことがありましたよ！
あはははは
なのに金田さんはとても明るい

業務はどんなことをしているんですか？
作業の種類は様々です
メール作業
郵便料金計器
取り扱い作業
現地安全用具
配送作業
製本・印刷作業
スキャニング作業
検収・荷札付け作業
フォークリフト
荷卸し作業
などなど
給茶機清掃作業
働いているところを見てみませんか？
ぜひ！見学させてください！
スタッフが側にいなくても自分たちの仕事をしっかりやるんですよ
検収センター
こんにちはー
お邪魔します
横内さんここの仕事の説明してくれる
はい

ここでは川崎工場に入ってきた荷物の検収や荷物の発送を行っています
横内さん
入社７年目
フォークリフトの免許を持ち
荷卸しを担当している
いろいろな部品がありますね
発電所や各工場で使う部品で重い物もあるんですよ
誤送や搬送の遅れが起こらないように荷物の置き場に工夫をしています
A-3
259
納品日別に色分けをしたり
S-1
送り先（各工場）別に分けて荷物をパレットに載せて移動しやすいようにしていたり送り先がわかるようにコーンに色分けした表示を付けています
伝票にも送り先別の色分けを行って確認しやすくしています
工夫を行う前は納品する荷物を探したりするのに時間がかかっていました整理をして改善後は探す時間を大幅に短縮することができました！
うちの子よりしっかり説明してる〜

全部自分たちで動きやすいように考えて対策したんです!
誤送0《ゼロ》を目指しています!
効率を考える努力ができるのは自分の仕事に責任をもって取り組んでいるからですね
次に事業所の中にあるメール集配と郵便料金計器の作業を見せてもらいました
ここでは各オフィスに届ける郵便物を仕分けしたり書留などお金の計算や国際郵便の発送を行っています
ここも働きやすい工夫をしているんですよリーダーから話を聞いてください
はいどんなことでしょう?
黒井さん説明してくれる!
はいわかりました
郵便の誤送を防ぐ工夫についてお話しします
黒井さん
入社24年目

郵便局のようですね
支社名や部署名がいろいろあるのでプレートに色分けしています
間違えてしまうと申し訳ないのできちんと覚えるようにしています
○○管理部
システム部
○○保証部
○○製造部
○○機械課
○○事業部
○○技術部
○○技術課
人事異動が行われたときなど社員名簿を確認しながらオフィスごとにお届けが多い社員名のネームプレートも作りました
略語の表示が多いので覚えるためにノートを作りました
細かっ！キレイな字！
びっしり
覚える必要がある言葉やルールは全てノートに書き込んで覚えました
今はノートを見なくても仕事ができています
黒井さんはこの方法を後輩たちにも勧めていてみんなノートを作るようになりました
勉強熱心ですね〜

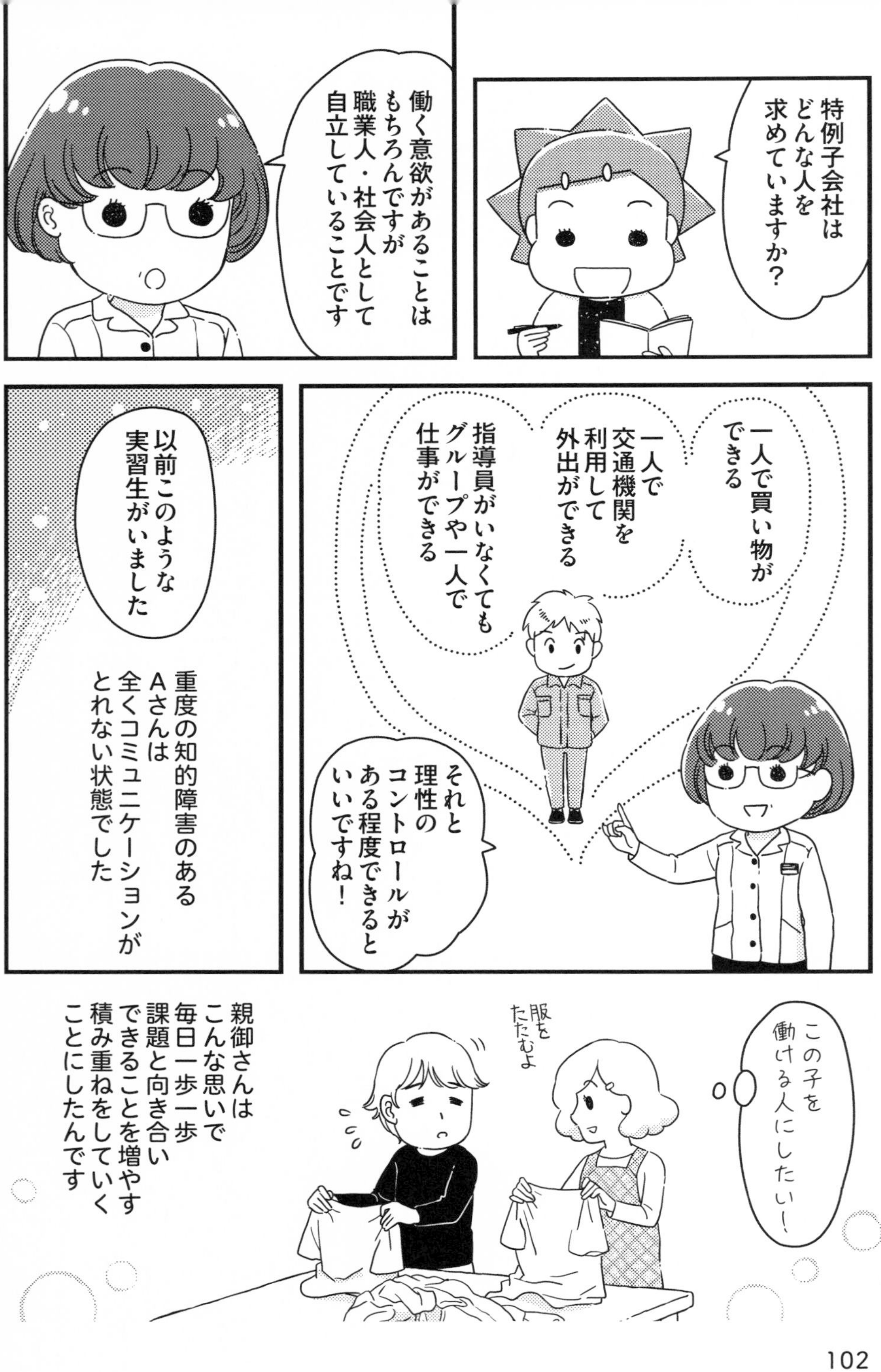
特例子会社はどんな人を求めていますか？
働く意欲があることはもちろんですが職業人・社会人として自立していることです
一人で買い物ができる
一人で交通機関を利用して外出ができる
指導員がいなくてもグループや一人で仕事ができる
それと理性のコントロールがある程度できるといいですね！
以前このような実習生がいました
重度の知的障害のあるAさんは全くコミュニケーションがとれない状態でした
この子を働ける人にしたい！
服をたたむよ
親御さんはこんな思いで毎日一歩一歩課題と向き合いできることを増やす積み重ねをしていくことにしたんです

電車に乗る
買い物をする
料理をする
自分のことは自分でできるようになる訓練です
話すことや計算は苦手ですが身だしなみなど一人でできるようになったため入社することができました
大変だったでしょうね…でも未来を見据えて着々と準備をしたんですね！
入社した後も困った行動があり指導もたくさんしました
そういう行動はいけないよ
でも彼はここ（職場）が自分の居場所だと思えるようになってきたことで変わっていったんです
社会人としてふさわしくない行動を根気よく繰り返し教えていたときです
子どものときは許されていたことでも大人になったのだからそれはやってはいけないよ
STOP
それは人が嫌がる行動ですやめましょう！
彼を変える決め手となる言葉がありました

その行動は警察の人にも注意されると思うからやめようね
え…！
警察のお世話になったらここで働けなくなってしまうから行動を変えていかないとね
こう伝えたら困った行動をやめてくれたんです
理性をコントロールできたのは仕事ですか!?
彼にとってここ(事業所)が大事な居場所になっていたんですね
彼以外にも「明日から来なくていいよ」と言われることが恐いという従業員もいます
株式会社富士電機フロンティア メールセンター
職場が自分の居場所だと思っている人はゆっくりではありますが職業人へと成長していきます
ここでずっと働きたい
仕事は先輩やスタッフに教えてもらえば覚えていきます
作業スキルよりも社会人としての精神の自立が就職に大事だと思います

そこが難しいところなんですが社会性を育むいい方法はありますか？
入社した当初アリと遊んでいて人と話さなかった小林さんという人がいます
小林さんの場合だと
あるとき会社のパーティーで楽しい場所ということもあり興奮して大声を出して走り回っていました
キャアアママ
!?
小林さん私を見てて！
キャアアアアー
私はその場で同じことをやって見せました
……！
どうこの行動？
恥ずかしい
そうでしょう！君がやっていたのはこういう行動だよ

この行動 これからも 続けるの?
やらない
このときから 小林さんは 行動を改めました
身体を張って 伝えると 通じるんですかね〜!
言葉で 伝わらないときは 私が鏡になって 見せることも 必要です
ひらがなが 書けなかった人では 毎日 提出する 「生活ノート」を 書くときに 根気よく 字の書き方を 教えていったら 漢字も書けるように なりました
毎日ノート
実際のノート
僕は悪くないから 謝らない!
お客様対応で 謝罪ができない ことがあったので 命令ではなく 気持ちが変わるのを 待つことにしたら…
じゃあ代わりに 私が謝るわね
徐々に 謝れる人に なったり
あ! ぼく 謝ります
入社前の 実習では 人の目を見て 話せない人が ほとんどですが

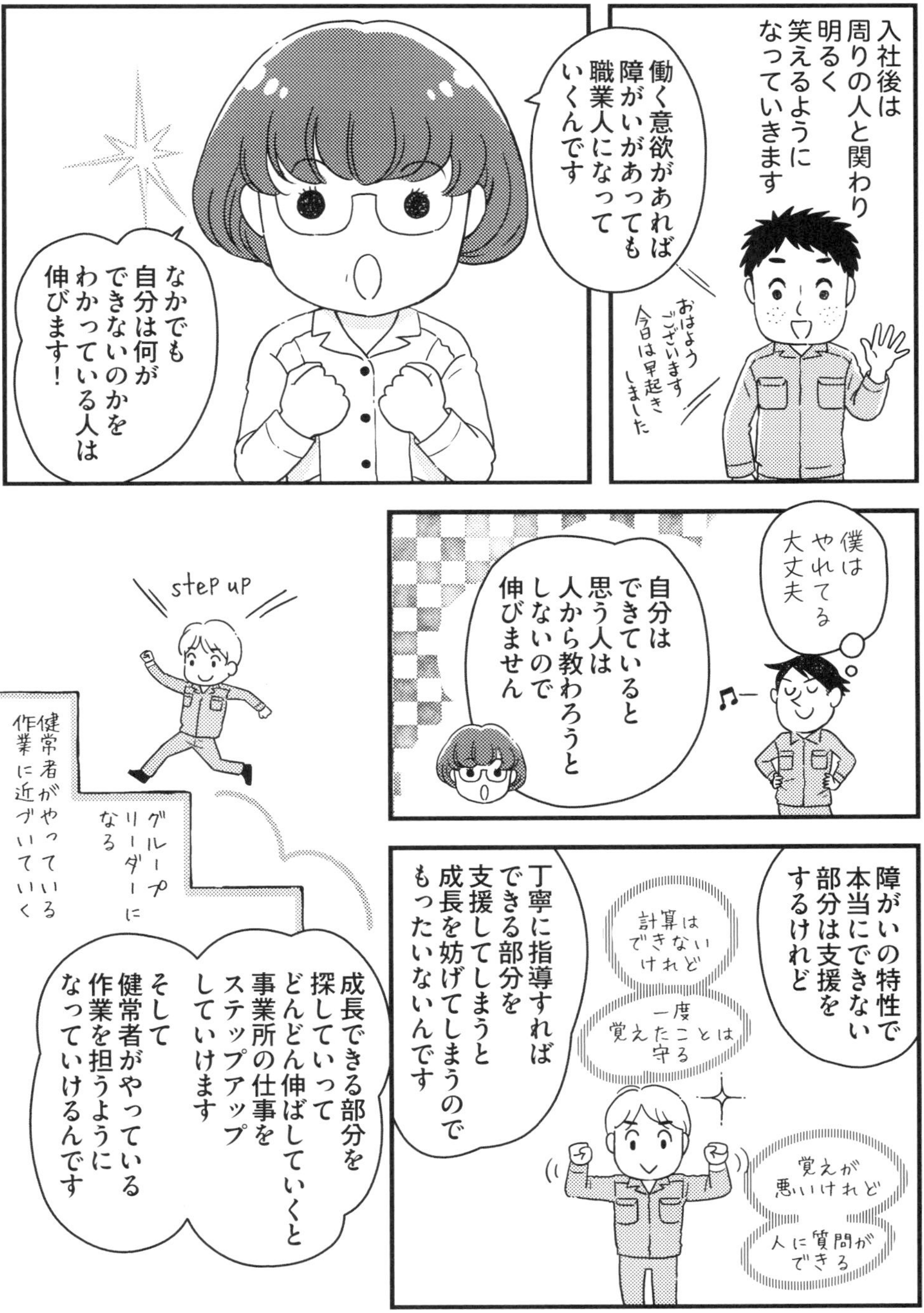
入社後は周りの人と関わり明るく笑えるようになっていきます
おはようございます 今日は早起きしました
働く意欲があれば障がいがあっても職業人になっていくんです
なかでも自分は何ができないのかをわかっている人は伸びます！
僕はやれてる大丈夫
自分はできていると思う人は人から教わろうとしないので伸びません
step up
グループリーダーになる
健常者がやっている作業に近づいていく
障がいの特性で本当にできない部分は支援をするけれど
丁寧に指導すればできる部分を支援してしまうと成長を妨げてしまうのでもったいないんです
計算はできないけれど
一度覚えたことは守る
覚えが悪いけれど
人に質問ができる
成長できる部分を探していってどんどん伸ばしていくと事業所の仕事をステップアップしていけます
そして健常者がやっている作業を担うようになっていけるんです

空いたところに新しい人材を新規雇用できてさらなる障がい者の雇用推進になります
ハローワーク
特別支援学校
特例子会社
富士電機フロンティア
新人
親会社
グループ関係会社
企業として利益向上しながら職業人・社会人としての自立を目指し人材育成をされているわけですね！
特例子会社によって支援の内容は異なりますがここでは一人一人に育成計画があります
行動目標
生活面の目標
仕事面の目標
行動目標で生活面の目標や仕事面の目標の達成を目指しています
育成計画書は次の指導員へ引継ぐときの引継ぎデータにもなります
ですからできることもできないことも書き込んでいます
個別支援計画のように作っているんですね

我々が欲しい人材というのは最初から仕事ができる人ではありません
仕事はできなくてもいいから仲間と一緒に努力できる人です
なんで失敗したのかな？
どうしたら失敗しないかな？
みんなでアイデアを出そう！
失敗する自分を受け入れることができて立ち上がれる人が必要なんです
最初は失敗することを恐がる人がいるのでワザと軽く失敗する用事を頼んで慣れてもらったりするんです失敗から始めていこうねって
失敗を重ねた分成長できるといいますもんね
富士電機フロンティアは一人一人の可能性を引き上げてくれて活躍できる場所でした

解説7

特例子会社とは

青木聖久

現在、障害者雇用促進法によって、事業主は従業員のうち、一定率以上の、障害者手帳を所持している障害者の雇用（障害者雇用率）が義務づけられています。それが左の表1で、「障害者枠」と言うこともあります。例えば、5千人の従業員がいる民間企業では、5千人×2・3％＝115人以上の障害のある人の雇用義務が発生します。ところが大企業などでは、障害者の雇用が十分に進まない状況がありました。すると、障害者雇用率が達成できない会社などは、罰金（納付金）を支払うとともに企業名が公表され、社会からの信頼を損なうことになります。

そこで、障害者の雇用の促進を目的にして、親会社とは別に子会社（特例子会社）を作り、子会社に雇用される障害のある人を親会社に雇用されているものとみなして、障害者雇用率にカウントできることになったのです。

では、障害のある人にとって、特例子会社の意義は何でしょうか。それは、そもそも、特例子会社自体が、障害者の雇用に特別の配慮をするために作られた会社なのです。そのことから、障害のある人の特性を踏まえた就業規則（勤務時間の定め方など）を作ることができます。また、実際の職場環境においても、バリアフリーをはじめ、障害のある人が継続して勤務できることを考えやすくなります。具体的には、合理的配慮として、上司が指示を出すときは、口頭だけでなく、メモや図などで伝えるようにしたり、また、注意をしたら、その後には意識的にほめる機会を設ける、というようなものです。

また、特例子会社では、障害のある人が継続的に就労できることを目指しますので、障害福祉サービス事業所へ会社側から連絡をすることも珍しくありません。そのことから、障害のある人は、仕事上の悩みを、もともと利用していた就労移行支援のスタッフに相談する環境が得られやすいといえるでしょう。

野村総研が2018年に調査した「障害者雇用及び特例子会社の経営に関する実態調査」によると、回答が得られた特例子会社200社のうち、障害のある人の業務内容として多かったのは、事務補助が79・1%（155社）、清掃・管理が50%（98社）、その他が30・1%（59社）となっています。また、障害のある人の平均年収は、「151〜200万円」が33・8%（67社）、「201〜250万円」が26・3%（52社）、「101〜150万円」が19・7%（39社）となっています。加えて、半数を超える会社が、障害者雇用をしている人に対して、正社員・契約社員の種別を問わず、全員に賞与を支給しています。

なお、障害者雇用や特例子会社に関することは、最寄りのハローワークにお問い合わせください。

表1　障害者雇用率（2021年9月現在）

区分	2021（令和3）年 3月以降
民間企業	2.3%
国、地方公共団体	2.6%
都道府県などの教育委員会	2.5%
特殊法人	2.6%

出典：厚生労働省資料を一部改変

7　障害者の共同雇用の現場に行ってみた

障害者雇用の新しい取り組みを行っている花屋があると聞いてやってきました！
東京のオフィス街の一角にある緑が豊かな店舗の「ローランズ」です
代表の福寿さんにお話を伺いました！
LORANS
こんにちはよろしくお願いします
こんにちはー
代表
福寿満希さん
どんな取り組みなんでしょうか？
中小企業が連携して障害者雇用を創出する「ウィズダイバーシティプロジェクト」を立ち上げています

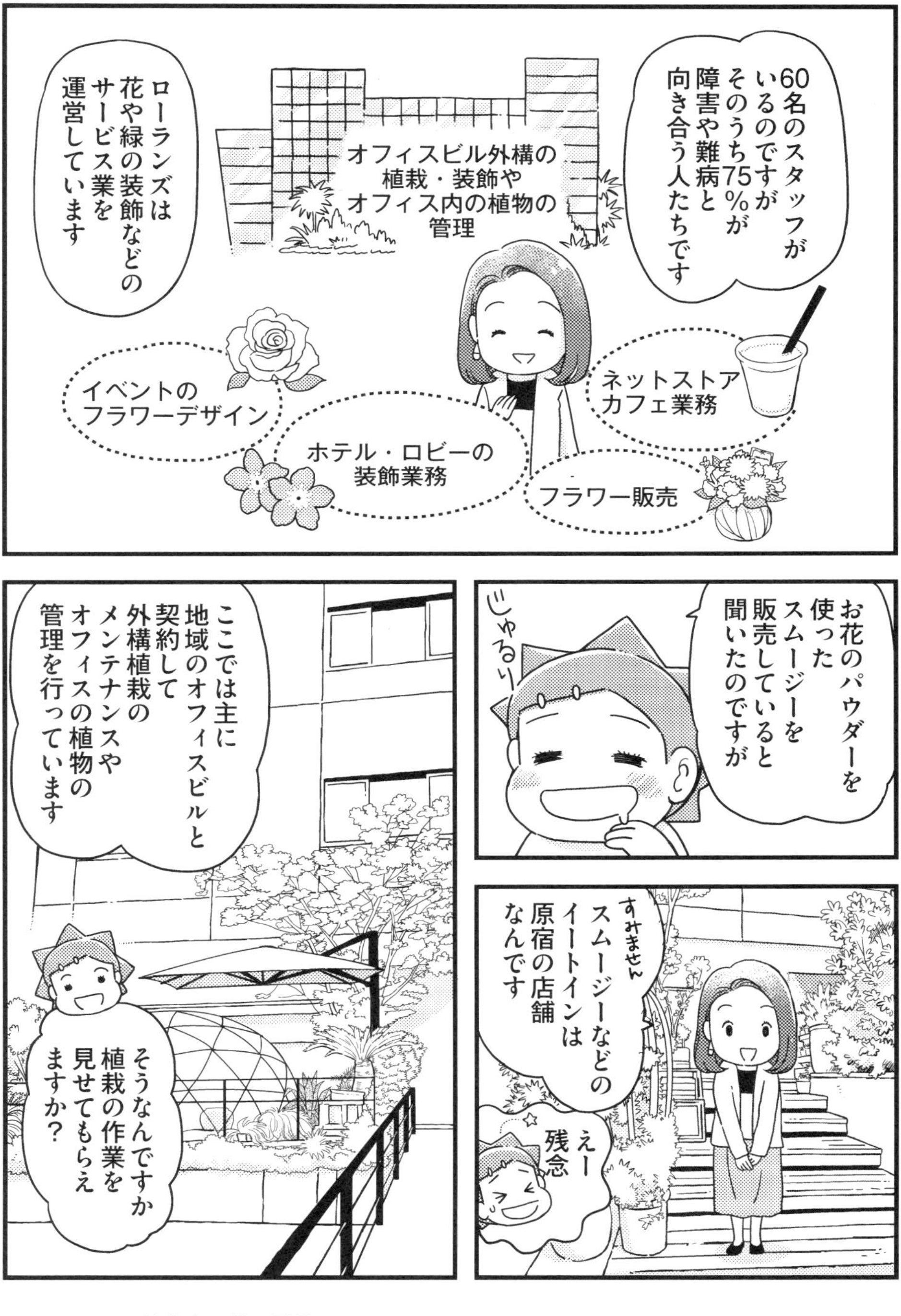
60名のスタッフがいるのですがそのうち75%が障害や難病と向き合う人たちです
オフィスビル外構の植栽・装飾やオフィス内の植物の管理
ローランズは花や緑の装飾などのサービス業を運営しています
ネットストアカフェ業務
フラワー販売
ホテル・ロビーの装飾業務
イベントのフラワーデザイン
お花のパウダーを使ったスムージーを販売していると聞いたのですが
じゅるり
すみません
スムージーなどのイートインは原宿の店舗なんです
えー残念
ここでは主に地域のオフィスビルと契約して外構植栽のメンテナンスやオフィスの植物の管理を行っています
そうなんですか植栽の作業を見せてもらえますか?

今近くのビルでスタッフが作業をしていますのでどうぞ
わーい私植物大スキです♡
請け負っている範囲が広いのでいくつかのチームでエリアごとに分担しています
チームにはチーム長が一人いて障害のあるスタッフをまとめています
あそこにいるのがうちのスタッフです
こんにちは
チーム長
諸星ゆかさん
軽度の発達障害のある
千葉ほのかさん
24歳
こんにちはーキレイな花壇ですねどんな作業をしているんですか？
水や肥料を与えたり
咲き終わった花や枯れた葉を摘み取って見栄えをよくしたり伸びた枝葉が通行人のじゃまにならないようにカットしたりします

景観美を保つのって手間がかかりますね
夏と秋は忙しくてスタッフが足りないこともあります
でもほのかさんが週2で出勤して頑張ってくれています
ほのかさんは週3日は原宿のカフェで調理・販売業務をして
2日間はここの植栽業務と二つの仕事を担っています
両立は大変じゃないですか？どちらの仕事が好きかしら？
LORANS.
どっちの仕事も「好き」って言っていいですか？
もちろんアリです！
お店もユニフォームもステキですね♡
この会社で働きたい！ってすごく思って応募しました
テレビでローランズが紹介されていたのを私の母が見ていて問い合わせしたのがきっかけです

千葉ほのかさんは就労2年目チーム長の諸星ゆかさんの簡単な指示に合わせてテキパキと枯草や落ち葉などを除去しています
緑や花が豊かでですもんねオシャレな仕事場そう思うのわかります
植物や土に触れる仕事って元気になるっていうしいい仕事ですね
働く場所が二つあると大変ですか？
いいえほどよく人間関係の距離が保ててバランスがいい状態ですよ
私はもともと人見知りでしたがここでスタッフと話をしたりしているとそのことを忘れてしまいます
私の障害を理解して支えてくれる人がいるから働きやすくて今は幸せです

他の植栽現場も見せてもらいました
勤務時間はフルタイムですか？
いいえ　フルタイムで働く人もいれば体力的に難しい人もいるので時差出勤を設けて４時間勤務の人もいます
① 9:00 〜 12:00 〜 18:00
ランチ
フルタイム
② 11:00〜 15:00
③ 14:00 〜 18:00
園芸や生花の仕事は覚えることが多そうですね
木や花の特性とか
オフィスビルの植栽メンテナンスは植物がおおよそ決まっているのでチーム長がその都度スタッフに指示を出して作業をしています
チーム長
諸星友香さん
伝え方は口頭だけでなくマニュアルも使います
毎日始める前にその日の作業を表に書き込んでもらうようにしています
地図
ここは花がけっこう枯れてるから今日はここを集中してやりましょう
わかりました

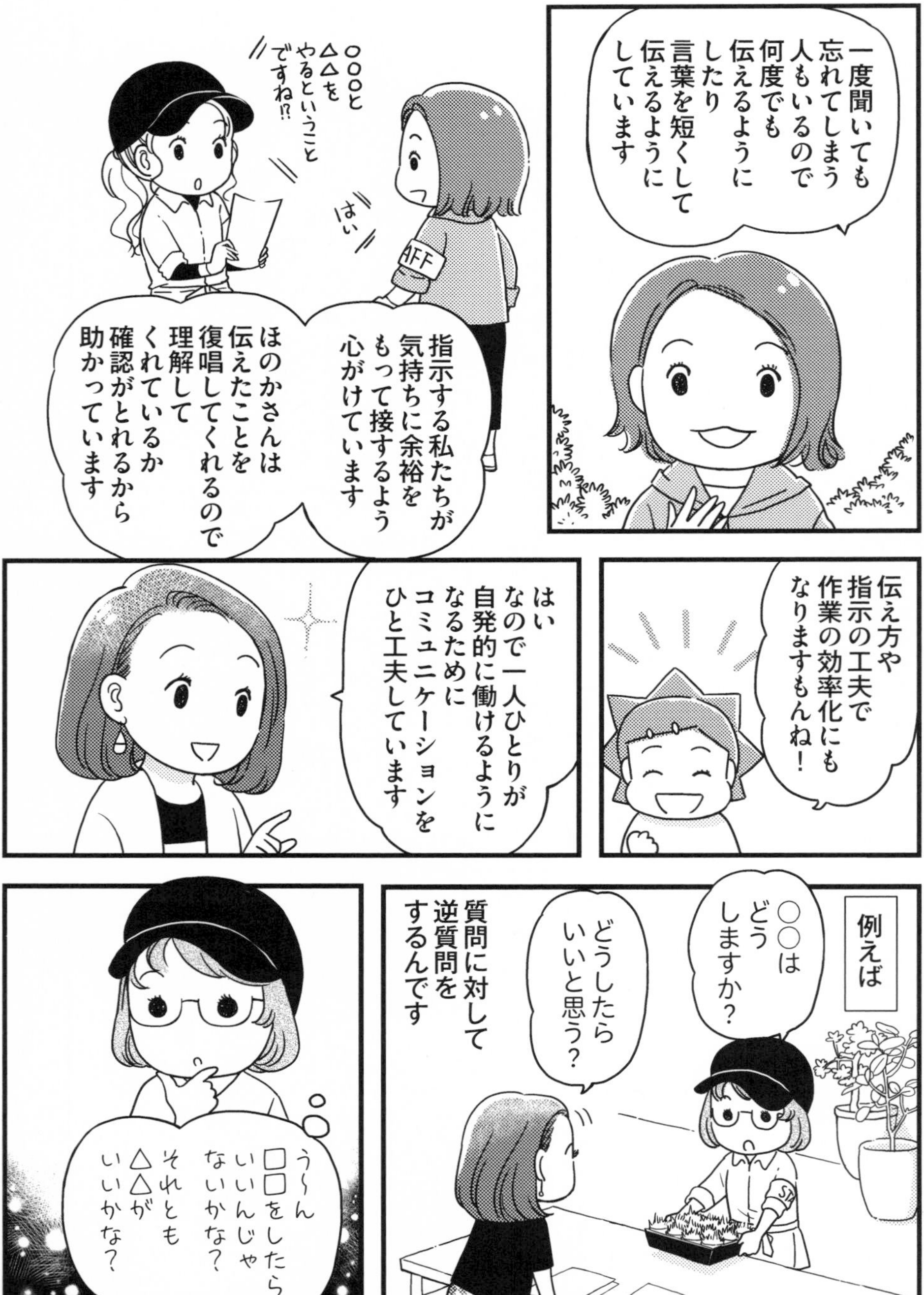
一度聞いても
忘れてしまう
人もいるので
何度でも
伝えるように
したり
言葉を短くして
伝えるように
しています
○○○と
△△を
やるということ
ですね!?
はい
指示する私たちが
気持ちに余裕を
もって接するよう
心がけています
ほのかさんは
伝えたことを
復唱してくれるので
理解して
くれているか
確認がとれるから
助かっています
伝え方や
指示の工夫で
作業の効率化にも
なりますもんね!
はい
なので一人ひとりが
自発的に働けるように
なるために
コミュニケーションを
ひと工夫しています
例えば
○○は
どう
しますか?
どうしたら
いいと思う?
質問に対して
逆質問を
するんです
う~ん
□□をしたら
いいんじゃ
ないかな?
それとも
△△が
いいかな?

すると解決方法を自分で考えるようになってくれるんです
△△にしてみます
そのアイデアでいいと思うよ
私のアイデアでいいのか!
そうすることで「自分は発言していいんだ!」「自分の案を採用してもらえるんだ!」と自信がついてきます
どんどんアイデアを出してくれるようになってきて一人一人が替えのきかない「この人じゃなきゃ」という存在になってくれるんです
本来もっている力を引き出しているんですね!
ほのかさんも最初は「自信がない…」と悩んでしまうこともありましたが今では頼れる存在になってくれました

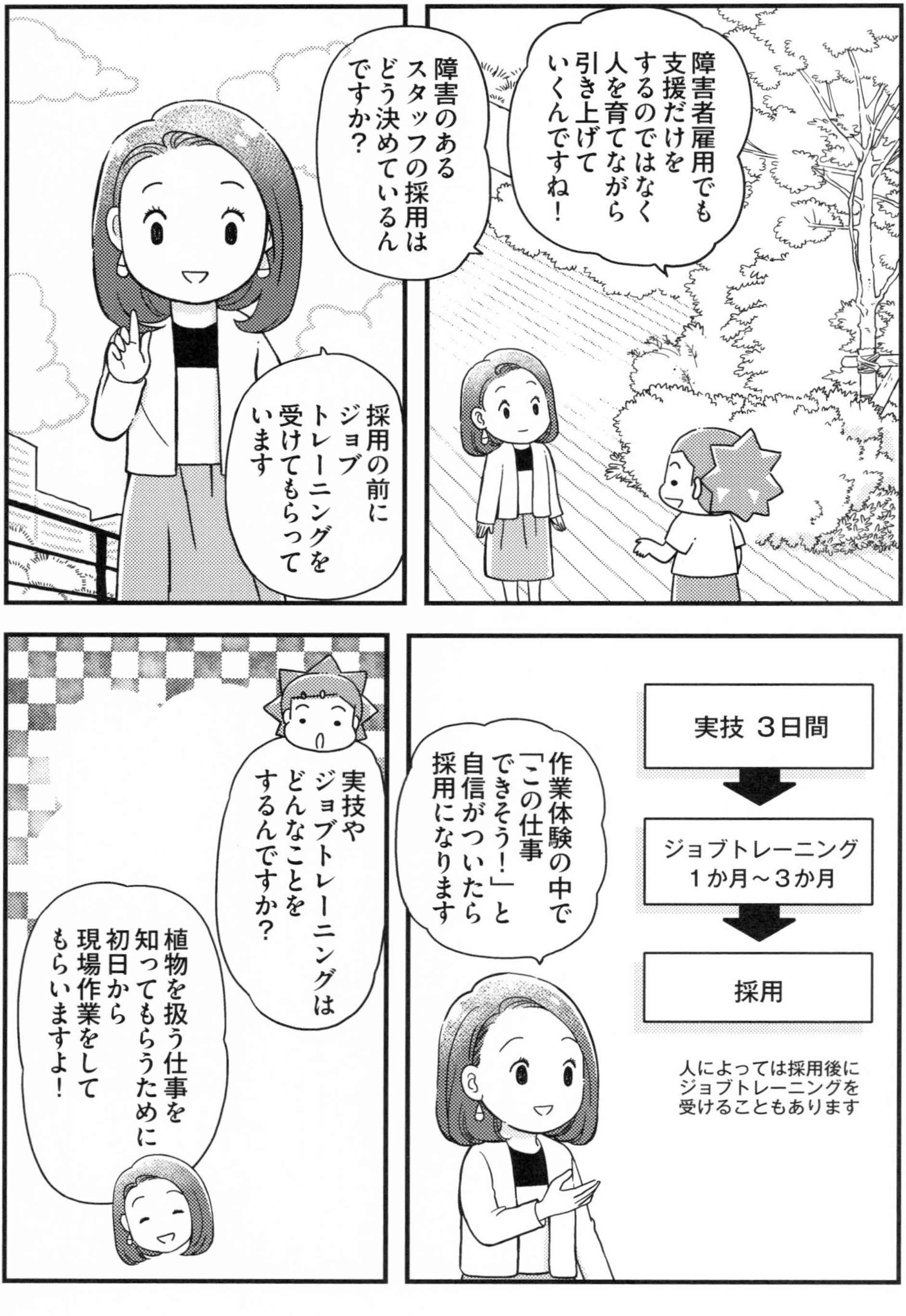
障害者雇用でも支援だけをするのではなく人を育てながら引き上げていくんですね！
障害のあるスタッフの採用はどう決めているんですか？
採用の前にジョブトレーニングを受けてもらっています
作業体験の中で「この仕事できそう！」と自信がついたら採用になります
実技 3日間
ジョブトレーニング 1か月～3か月
採用
人によっては採用後にジョブトレーニングを受けることもあります
実技やジョブトレーニングはどんなことをするんですか？
植物を扱う仕事を知ってもらうために初日から現場作業をしてもらいますよ！

大型の案件で壁面を装飾する作業に参加してもらったりもします
えーイキナリ大物に！
最初は高所で作業するスタッフに道具を渡すことからです
物作りの現場を実際に体験することで
こういう職業の選択肢もあるんだ！
彩りのある仕事を楽しいと感じてもらえたらいいなって思っています
自発的な働きをするようになったスタッフからいいアイデアをもらうことはありますか？
就労2年目になる業務推進チーム長の男性がジョブトレーニング期間中に「自分がこの会社でできること」という書面をくれたことがあります
自分がこの会社でできること

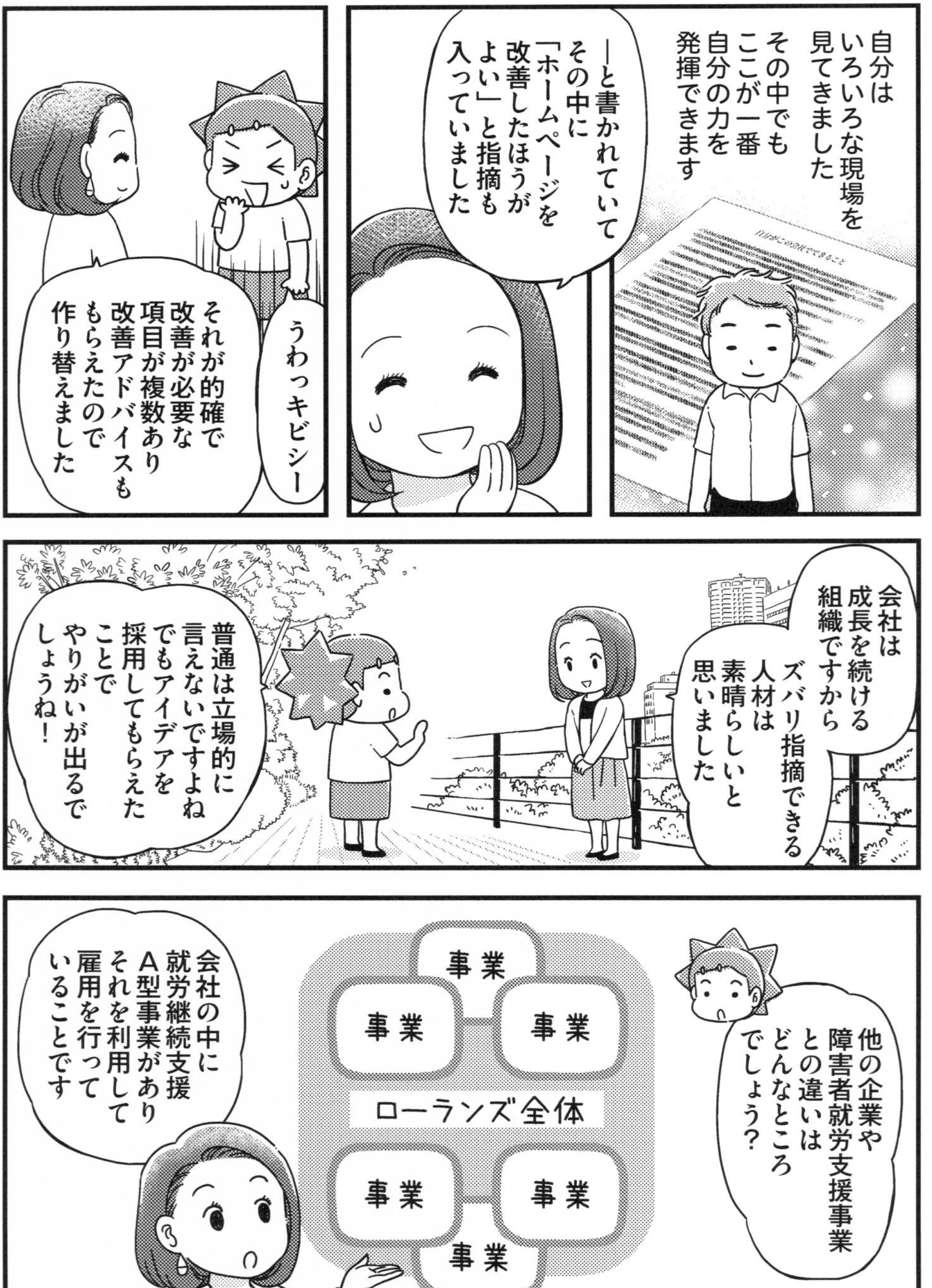

自分は
いろいろな現場を
見てきました
その中でも
ここが一番
自分の力を
発揮できます
自分がこの会社でできること
—と書かれていて
その中に
「ホームページを
改善したほうが
よい」と指摘も
入っていました
うわっキビシー
それが的確で
改善が必要な
項目が複数あり
改善アドバイスも
もらえたので
作り替えました
会社は
成長を続ける
組織ですから
ズバリ指摘できる
人材は
素晴らしいと
思いました
普通は立場的に
言えないですよね
でもアイデアを
採用してもらえた
ことで
やりがいが出るで
しょうね！
他の企業や
障害者就労支援事業
との違いは
どんなところ
でしょう？
事業
事業
事業
ローランズ全体
事業
事業
事業
会社の中に
就労継続支援
A型事業があり
それを利用して
雇用を行って
いることです

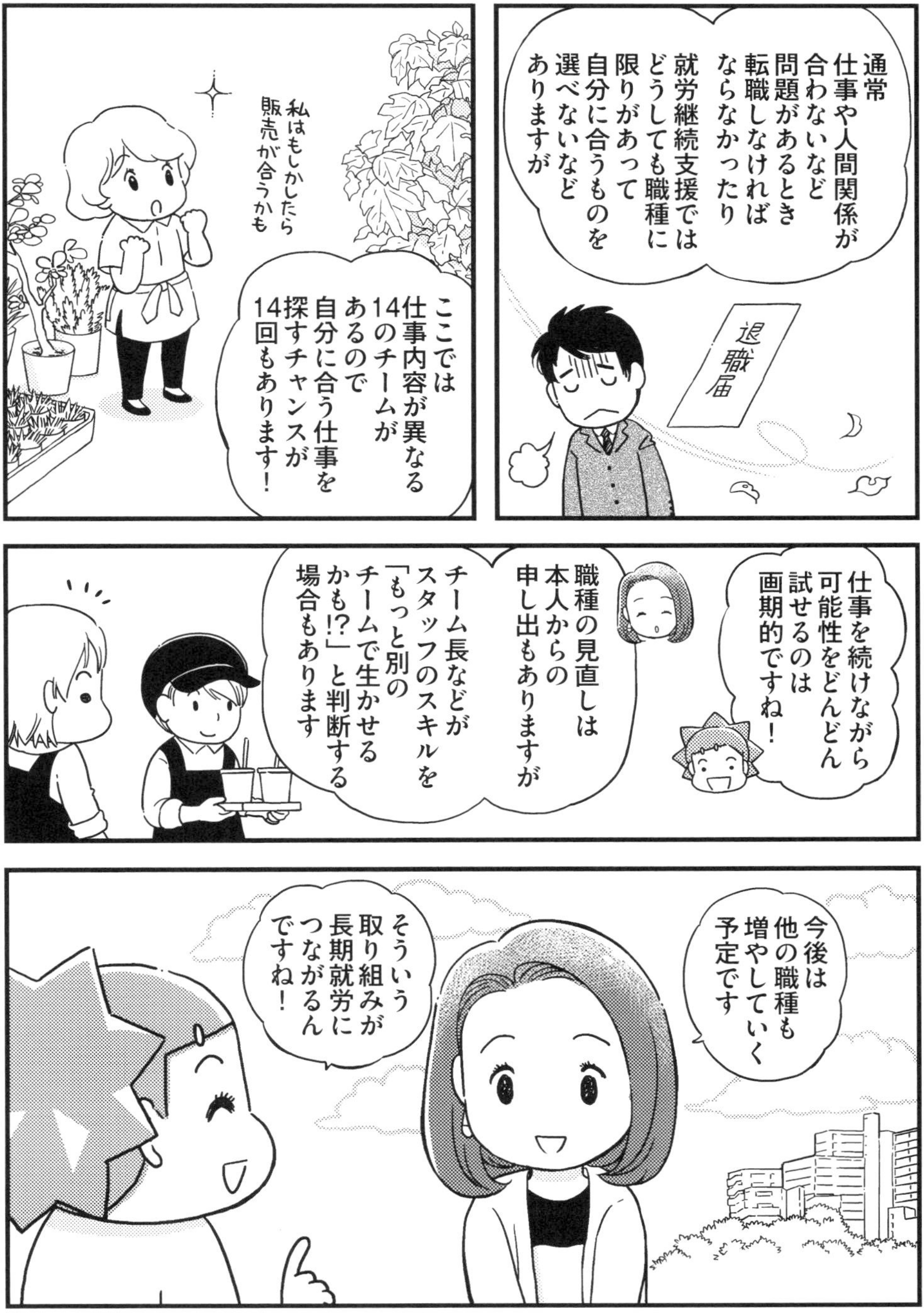

通常
仕事や人間関係が
合わないなど
問題があるとき
転職しなければ
ならなかったり
就労継続支援では
どうしても職種に
限りがあって
自分に合うものを
選べないなど
ありますが
退職届
ここでは
仕事内容が異なる
14のチームが
あるので
自分に合う仕事を
探すチャンスが
14回もあります！
私はもしかしたら
販売が合うかも
仕事を続けながら
可能性をどんどん
試せるのは
画期的ですね！
職種の見直しは
本人からの
申し出もありますが
チーム長などが
スタッフのスキルを
「もっと別の
チームで生かせる
かも!?」と判断する
場合もあります
今後は
他の職種も
増やしていく
予定です
そういう
取り組みが
長期就労に
つながるん
ですね！

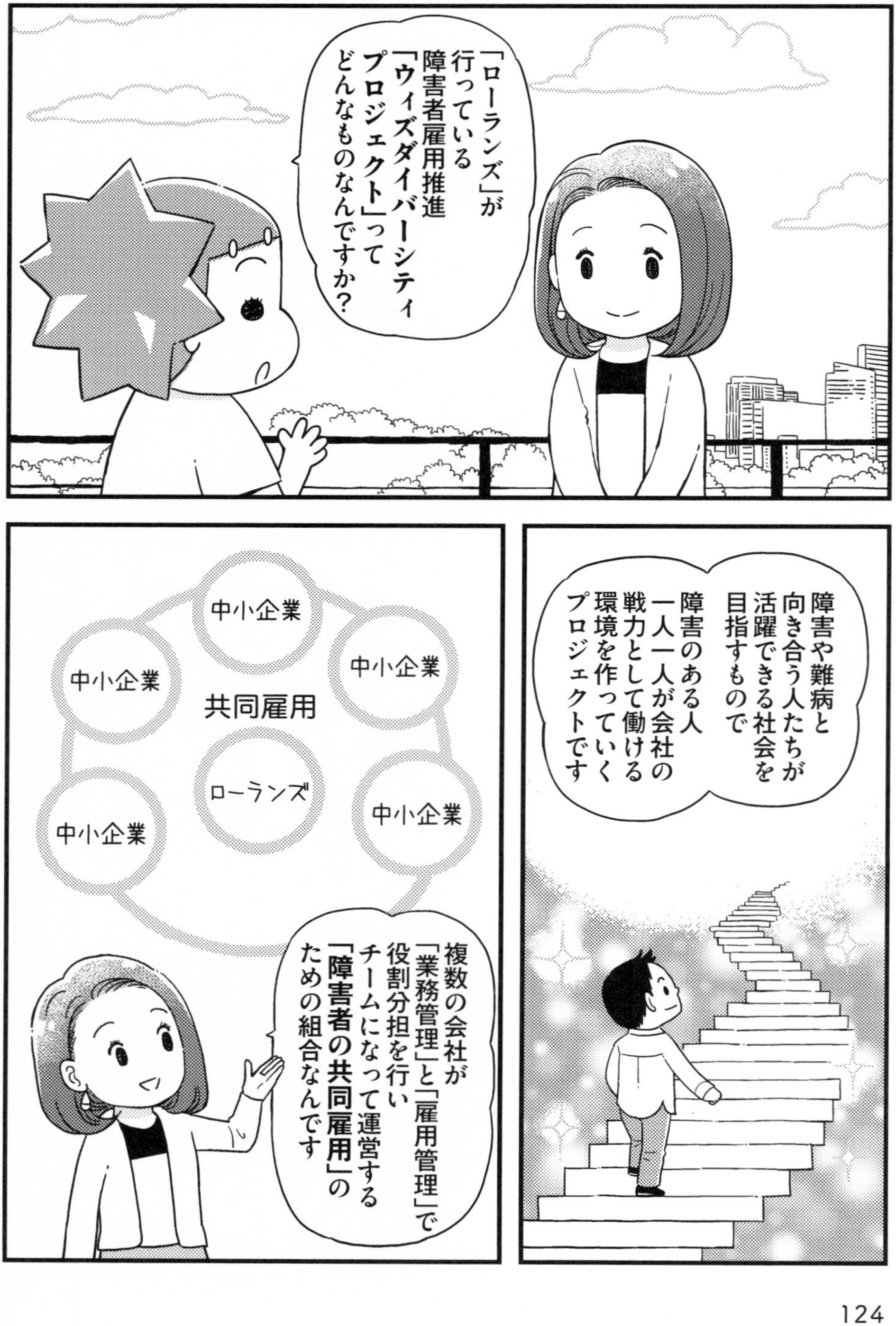
「ローランズ」が行っている障害者雇用推進「ウィズダイバーシティプロジェクト」ってどんなものなんですか？
障害や難病と向き合う人たちが活躍できる社会を目指すもので
障害のある人一人一人が会社の戦力として働ける環境を作っていくプロジェクトです
共同雇用
中小企業
中小企業
中小企業
ローランズ
中小企業
中小企業
複数の会社が「業務管理」と「雇用管理」で役割分担を行いチームになって運営する「障害者の共同雇用」のための組合なんです

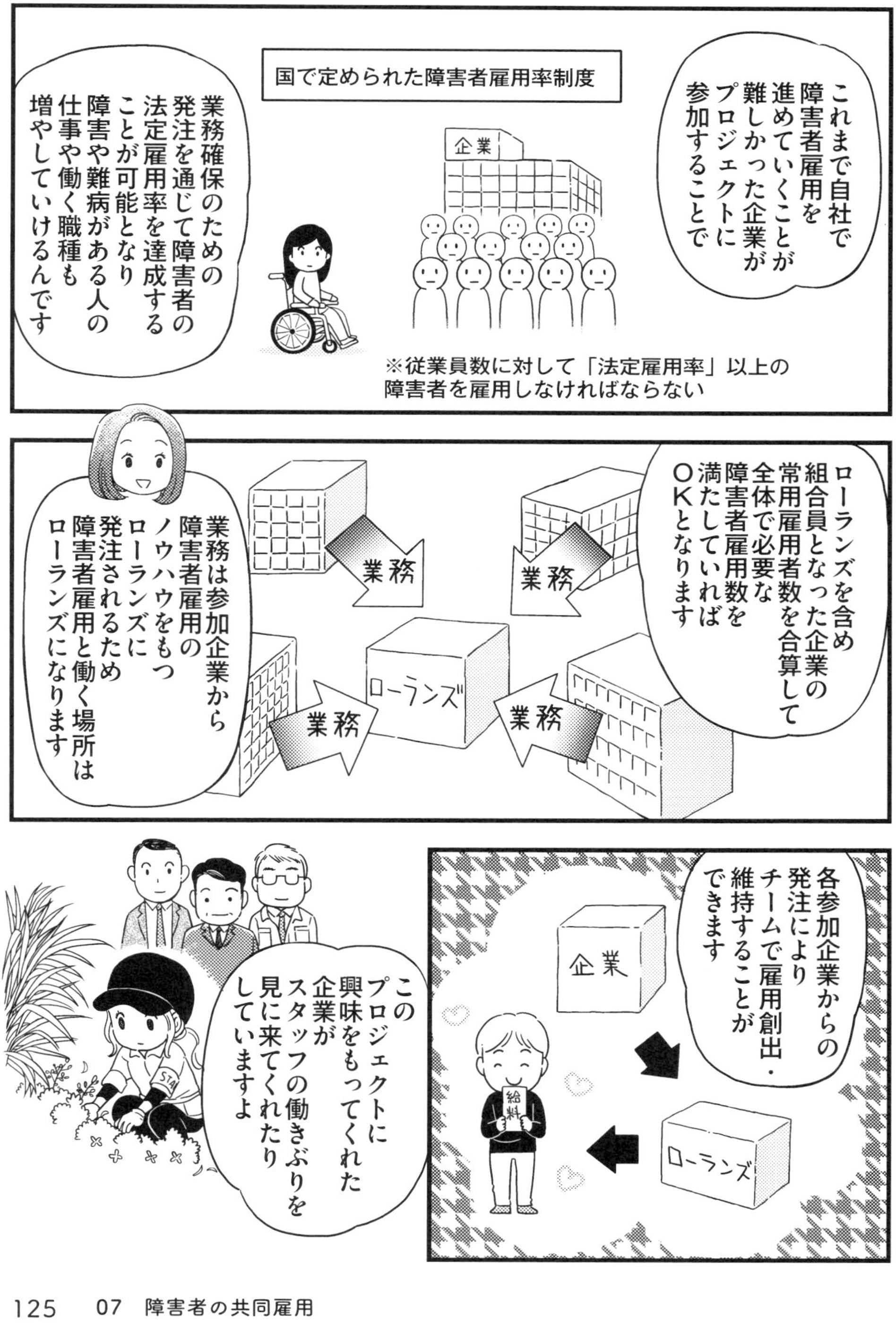
これまで自社で障害者雇用を進めていくことが難しかった企業がプロジェクトに参加することで
国で定められた障害者雇用率制度
企業
業務確保のための発注を通じて障害者の法定雇用率を達成することが可能となり障害や難病がある人の仕事や働く職種も増やしていけるんです
※従業員数に対して「法定雇用率」以上の障害者を雇用しなければならない
ローランズを含め組合員となった企業の常用雇用者数を合算して全体で必要な障害者雇用数を満たしていればOKとなります
業務
業務
ローランズ
業務
業務
業務は参加企業から障害者雇用のノウハウをもつローランズに発注されるため障害者雇用と働く場所はローランズになります
各参加企業からの発注によりチームで雇用創出・維持することができます
企業
給料
ローランズ
このプロジェクトに興味をもってくれた企業がスタッフの働きぶりを見に来てくれたりしていますよ

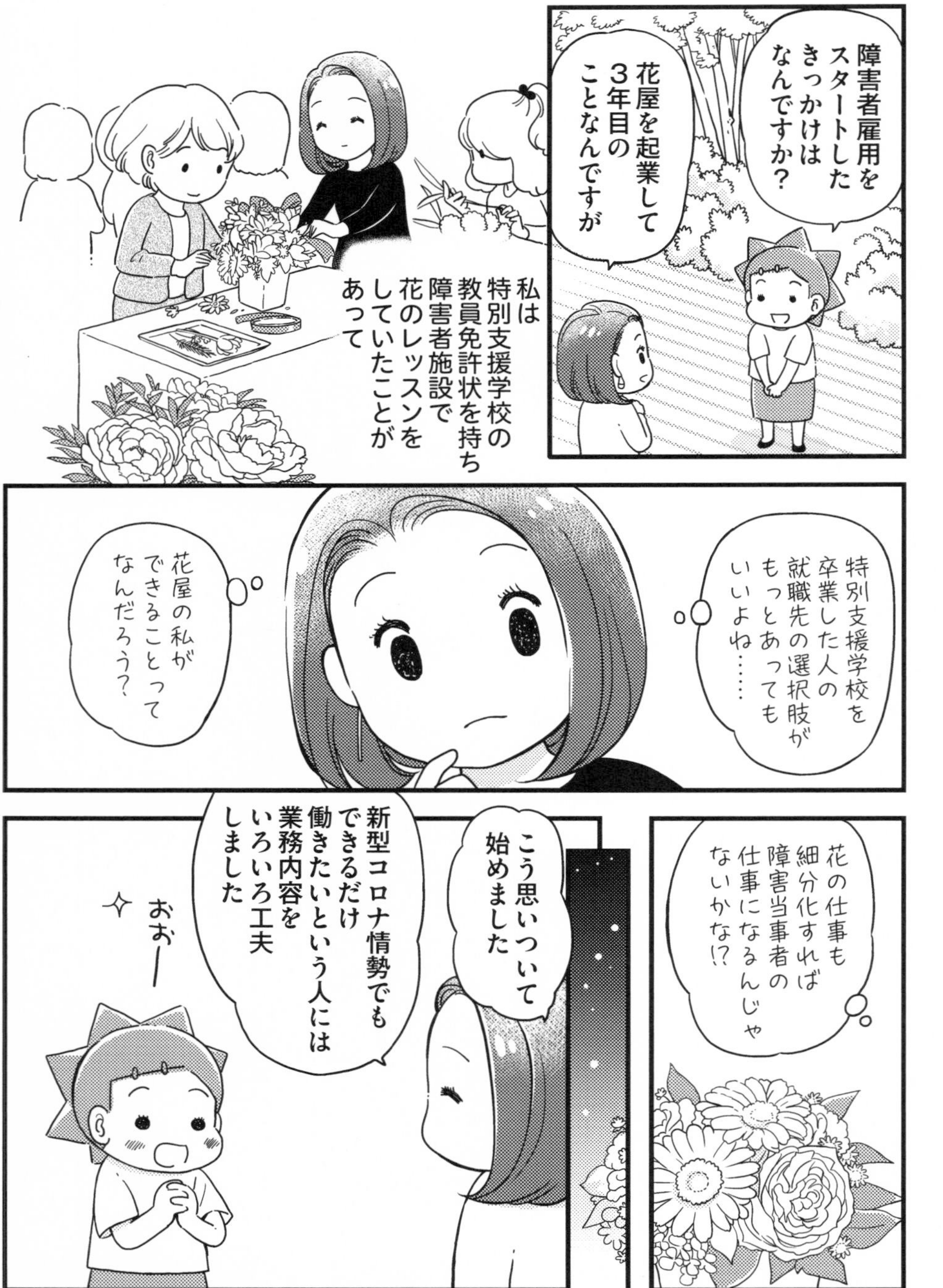
障害者雇用をスタートしたきっかけはなんですか？
花屋を起業して3年目のことなんですが
私は特別支援学校の教員免許状を持ち障害者施設で花のレッスンをしていたことがあって
特別支援学校を卒業した人の就職先の選択肢がもっとあってもいいよね……
花屋の私ができることってなんだろう？
花の仕事も細分化すれば障害当事者の仕事になるんじゃないかな⁉
こう思いついて始めました
新型コロナ情勢でもできるだけ働きたいという人には業務内容をいろいろ工夫しました
おおー

在宅でやれるPC業務やフラワーデザインに使う材料の下準備などを在宅作業にしたり
もともと通勤に難があった人でも在宅ワークにしたことで働く日数が増えた例もありました
在宅ならバリバリやりますよ!
外に出て社会とつながりたい人もいれば在宅で働きたい人もいるので
在宅の仕事を増やしていくことで障害者雇用を増やすことができるんだって思いました
一人一人の働きを見守りながらゆっくりと人を育てる
花や緑の華やかな仕事の中でローランズはひっそりと社会貢献しているステキな会社でした

解説 8

障害者手帳・障害福祉サービス受給者証とは

青木聖久

障害者手帳とは、①**身体障害者手帳**、②**療育手帳**（東京都では、愛の手帳）、③**精神障害者保健福祉手帳**の三つを指します。①は、目・耳・肢体などの外部障害、内臓機能などの内部障害のある人が対象となり、②は、知的障害のある人が対象となります。そして、③は、統合失調症やうつ病、てんかん、高次脳機能障害、発達障害などが対象になります。そのことから、知的障害を伴う発達障害のある人は、療育手帳と精神障害者保健福祉手帳の両方を所持する人もいます。

障害者手帳を取得するには、市町村の障害福祉の窓口で相談することから始めてください。そのうえで、身体障害者手帳は指定された医療機関の医師が診断書を作成し、療育手帳は、児童相談所または障害者更生相談所で判定を受けることになります。

また、精神障害者保健福祉手帳は、原則として精神科の医師が診断書を作成しますが、他の診療科でも認められる場合があります。ただし、すでに障害年金を受給している場合は、年金と同じ等級の精神障害者保健福祉手帳を受けることができます。加えて、2年の更新が必要となります。

障害者手帳のメリットは、会社で税金控除が受けられたり、雇用保険の失業給付日数が増えたりすることです。一方で、税金控除は、申告しなければ会社側に障害者手帳を所持していることがわかりません。加えて、私鉄や民間会社のバスやフェリーなどの公共交通機関、携帯電

話の通話料が減免されたり、映画館の割引というようなものもあります。他方で、市町村が独自に条例を作り、障害者手帳の等級によって、月額数千円の手当を支給したり、診療科を問わず医療費助成をしたり、さらに、地下鉄や市営バスを無料・半額にしているところもあります。

とはいえ、手帳を申請することに対して、葛藤を抱いている人も少なくありません。しかし、障害年金でも同じことがいえますが、申請するときに迷っていても、後から後悔する人にほとんど出会ったことがありません。確かに、障害のある人や家族は、障害者手帳を申請する時点においては、「障害を認める」ということに翻弄されるかもしれません。ところが、実際に障害者手帳を取得し始めると、障害を開示して周囲の配慮を得ながらも堂々と暮らす、という気負わない生き方ができます。すると、障害と折り合いをつけながら一般就労をしたり、美術館に無料で入館したりするというように、生活の質が高まる中で、「社会の価値基準に合わせる」のではなく「自分の特性と付き合いながら暮らす」、さらには、「周りの目を気にして生きる」のではなく「豊かに生きる」というように、かつて想像もしなかったような新たな景色に巡り合うことができるのです。

とはいえ、人には主体的に動き出すタイミングがあります。そのことから、障害者手帳の取得が、障害のある人の自己選択であることを、周囲は理解しておくことが大切でしょう。

それと、障害のある人は、障害者手帳があることによって、障害福祉サービスの申請はできます。でも、実際に障害福祉サービスを利用するためには、市町村から最終的に「障害福祉サービス受給者証」の発行を受ける必要があります。そのことから、障害者手帳と障害福祉サービス受給者証は、全くの別物です。ただし、障害者手帳を保有していなくても、59ページに紹介しているような方法でも障害福祉サービス受給者証が発行されることがあります。詳しくは、市町村の窓口で確認してください。

8　障害者雇用7割の会社に行ってみた

一般企業でありながら知的障害のある人を大勢雇用している日本理化学工業にやってきました！
kitpas
チョークや黒板ふきなどを作っている会社で
障害者枠ではなく一般雇用で障害者を雇用しているのだそうです
障害者雇用をはじめたきっかけはなんですか？
知的障害のある人は何名働いているんでしょうか？
社長の大山隆久さん

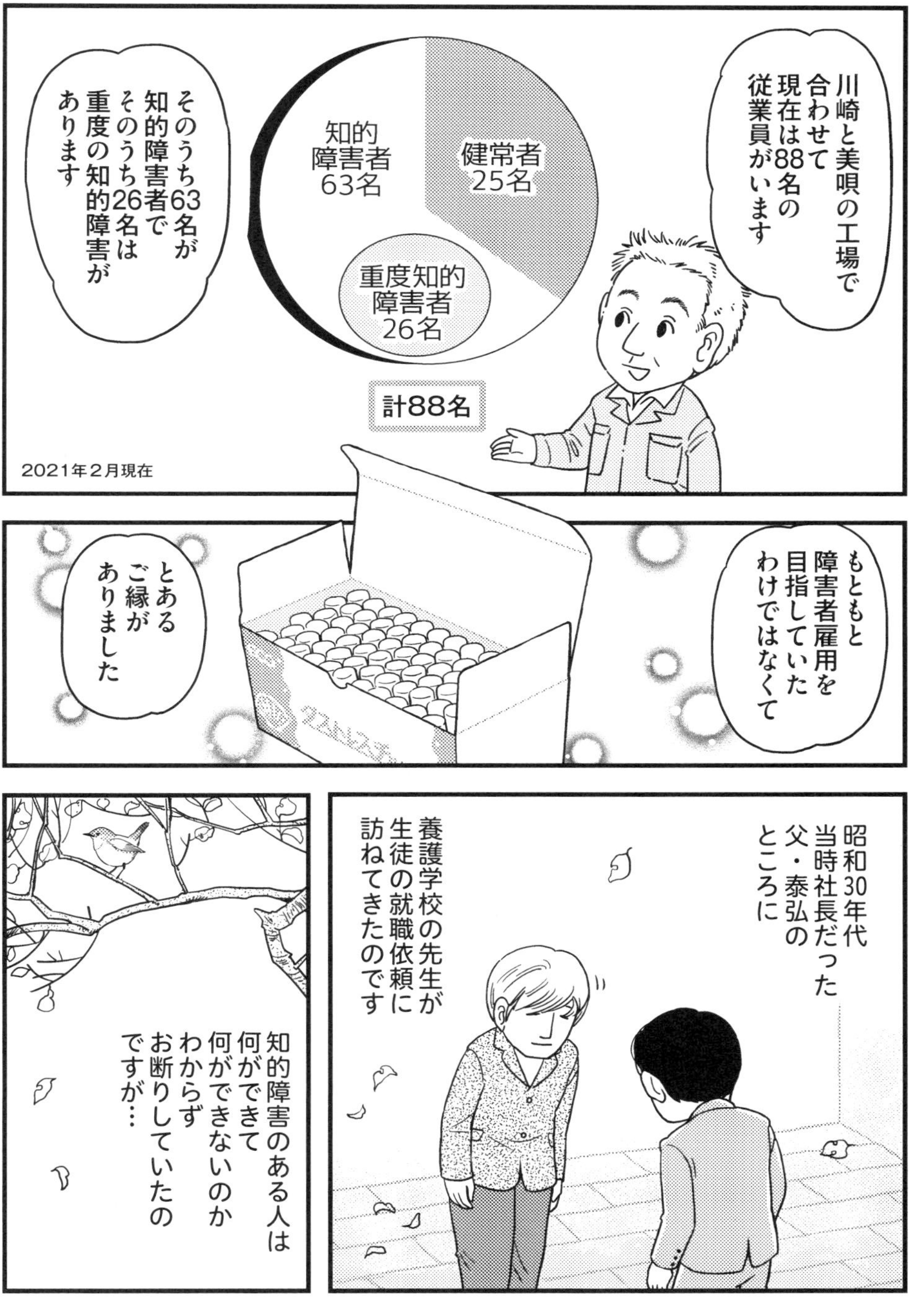

川崎と美唄の工場で合わせて現在は88名の従業員がいます
健常者25名
知的障害者63名
重度知的障害者26名
計88名
2021年2月現在
そのうち63名が知的障害者でそのうち26名は重度の知的障害があります
もともと障害者雇用を目指していたわけではなくて
とあるご縁がありました
昭和30年代当時社長だった父・泰弘のところに
養護学校の先生が生徒の就職依頼に訪ねてきたのです
知的障害のある人は何ができて何ができないのかわからずお断りしていたのですが…

養護学校の先生は
諦めずにお願いに
やって来ました
3度目のときに
もう就職は
お願いしません
ただ…
実習だけ
受けさせて
もらえませんか
知的障害の子たちは
学校を卒業したら
親元を離れて
地方の施設に入る
ことになります
当時は今のように
知的障害者が
働く場所や
生活介護施設が
設けられていない
自治体がありました
働くことを
知らないまま
施設で一生を
終えてしまいます
数日間だけでも
いいので
働く経験を
させてあげたいん
です
そこまで
おっしゃるの
でしたら
2週間だけ
実習を行って
みましょう!
ありがとう
ございます

15歳と17歳の女子生徒二人が実習に参加しました
箱にシールを貼る簡単な作業でしたが二人は一生懸命取り組んでくれました
実習が終わる頃
社長 あの子たちを採用してあげてください！
私たちが面倒をみるからお願いです！
!
二人のひたむきさが従業員の心を動かしました
こうして二人を雇うことになったのがはじまりです
その後二人は定年の60歳を越えて働き続けたのでした
知的障害のある人がどのように働いているのか教えてください
すばらしい働きっぷりですよ！工場を見学してみてください

日本理化学工業さんの『キットパス』はガラス窓に絵が描けて布で簡単に消せるので子どもも大人も楽しく創作できます
チョークなどを製造している会社です
ダストレスチョーク
kitpas
キットパス
知的障害のある従業員が働きやすくなる工夫を見せてもらいました
チョークの製造工場にご案内します
営業部　佐藤亜紀子さん
混練工程
押出工程
チョーク工場

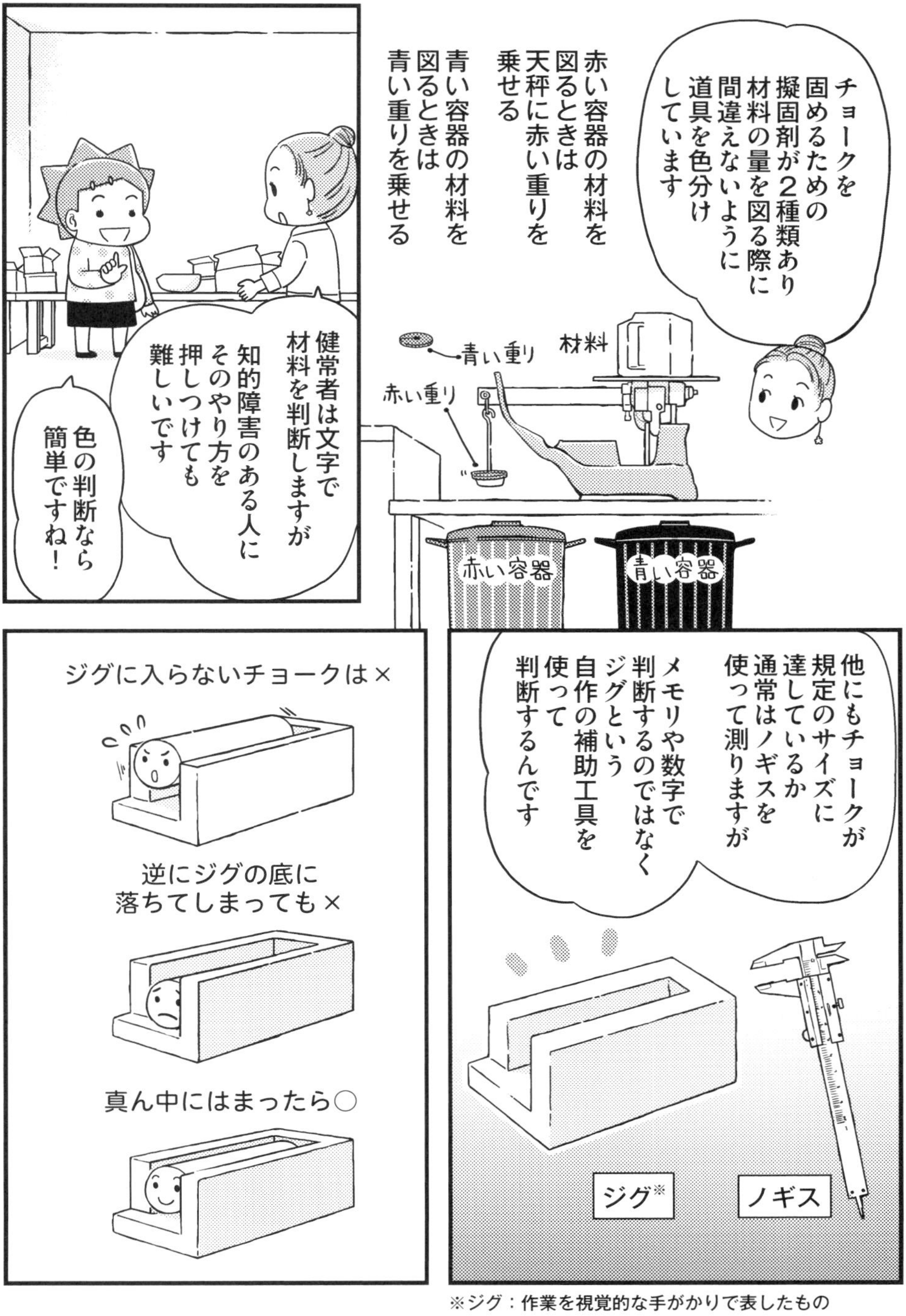

チョークを固めるための擬固剤が2種類あり材料の量を図る際に間違えないように道具を色分けしています
赤い容器の材料を図るときは天秤に赤い重りを乗せる
青い容器の材料を図るときは青い重りを乗せる
材料
青い重り
赤い重り
赤い容器
青い容器
健常者は文字で材料を判断しますが知的障害のある人にそのやり方を押しつけても難しいです
色の判断なら簡単ですね！
他にもチョークが規定のサイズに達しているか通常はノギスを使って測りますがメモリや数字で判断するのではなくジグという自作の補助工具を使って判断するんです
ジグ※
ノギス
ジグに入らないチョークは×
逆にジグの底に落ちてしまっても×
真ん中にはまったら○

※ジグ：作業を視覚的な手がかりで表したもの

健常者もこのジグを使ったほうが効率よいですよね！
一度に長さと直径が測れて便利だわ！
その他にも材料を練る時間を計るのに時計の針を読むのではなく砂時計を使っているんです
材料を練るミキサーのスイッチを押したら砂時計をひっくり返す
砂が全部落ちたらスイッチを止める
障害のある人の目線になって一つ一つ方法を工夫していったんですね！
障害者が少しでも働きやすくなるように健常者の従業員が一緒になって考えたものもありますよ
健常者の指導員が近くで見守っている中でゆっくり作業をしているのかと思っていました
皆さんテキパキと働いているんですね

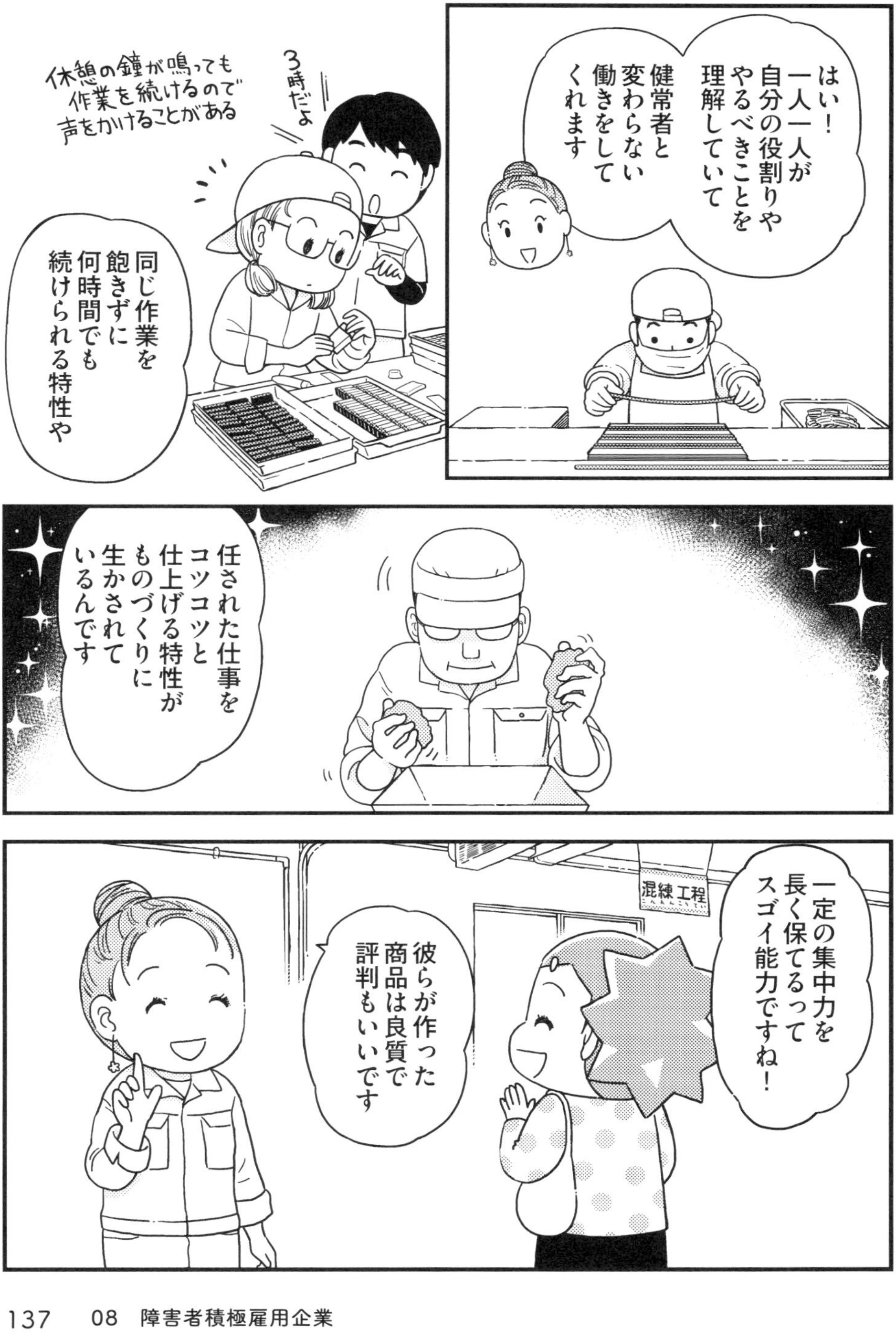
はい！一人一人が自分の役割りややるべきことを理解していて健常者と変わらない働きをしてくれます
同じ作業を飽きずに何時間でも続けられる特性や
3時だよ
休憩の鐘が鳴っても作業を続けるので声をかけることがある
任された仕事をコツコツと仕上げる特性がものづくりに生かされているんです
混練工程《こんれんこうてい》
一定の集中力を長く保てるってスゴイ能力ですね！
彼らが作った商品は良質で評判もいいです

皆さんの仕事ぶりが立派なのでどの人に知的障害があるのかわかりませんでした
チョーク製造・キットパス製造・出荷のチームに分かれていて1チームに3名以上の健常者がいます
休憩室に個人目標が掲示されています
2019年度　私の目標
(1)1500枚流せるようにかんかくをあけないでクリップをかける。
(2)異常があったら大きな声で知らせる。
(3)チョークの皿をぞうきんがけします。
(4)大声を出さないでお仕事に集中します。
個人目標やチーム目標があってみんなの目標に近づいた作業ができているか健常者が全体を確認しています
そしてチームごとに6S委員というのがいて困っている人がいないか自分の作業以外のことでも確認し合うようにしています
6S活動
整理
整頓
清掃
清潔
安全 safety
しつけ
6S委員が中心となって活動

6S活動は作業環境を整えて高品質管理をしたり事故の防止にもなったりものづくりに欠かせない活動なんでしたよね
はい そうなんです 目標に対して今日の働きはどうだったのか評価もしています
今日は△だったから明日は○にしよう
はい
「時間を守る」や「言葉遣いを気をつける」など
2018年度 6S活動 全社テーマ
全員参加で『成《せい》果《か》の上《あ》がる職《しょく》場《ば》作《づく》りをしよう』
・みんなが笑《え》顔《がお》でお仕《し》事《ごと》ができること・働《はたら》いている仲《なか》間《ま》が仲《なか》が良《よ》いこと
・お互《たが》いを助《たす》けあうことができること
☆従《じゅう》業《ぎょう》員《いん》みんなの成《せい》長《ちょう》(職《しょく》員《いん》も一《いっ》緒《しょ》に成《せい》長《ちょう》)
◎職《しょく》員《いん》は相《あい》手《て》の理《り》解《かい》力《りょく》に合《あ》わせた育《いく》成《せい》を行《おこな》う。
◎3S活《かつ》動《どう》が改《かい》善《ぜん》の基《き》本《ほん》となります。
※3S＝整《せい》理・整《せい》頓《とん》・清《せい》掃《そう》
一度目標を達成しても再び同じことを繰り返すときもありますし
できるようになるまで長い期間かかる人もいますが諦めず伝えていくことでできるようになっていくんです
彼らの成長が私たち健常者従業員のモチベーションにもなっているんですよ！

体調管理では自分から体調が悪いと言えない人が多いのですがいつもと違う行動をとっているときは何かある！というサインなので
そういうときはすぐに声をかけるようにしています
どうしました？
フリーズする
もちろんいけない行動に対して注意をすることもあるのですが言い過ぎてしまわないように気をつけています
特別支援学校の先生のようですね
注意をされ過ぎて余計にできなくなってしまったり
自分だけ声をかけられたことを気にしてしまう人もいるので
一人だけに声をかけて注意をしないように
チームの他の人にも声をかけるようにしたりしています
注意ばかりでヤル気をなくしてしまわないようにほめることを大切にしています！
ポジティブな言葉のほうが効果があるっていいますものね
はい いいところを伸ばしていける声かけを積極的にしているんです

出荷チームは毎朝感謝する人を決めて「ありがとう」を伝えることを実施しているんです
TEAM《チーム》 SHUKKA《シュッカ》
「ありがとう」を伝えた数だけ銀色のギフトリボンを表に貼っています
毎日更新します
わぁこの表ステキ♡
チョークチームもほめる6Sがあって毎日誰かをほめることを実施しています！
売上表よりもイイかも♡
一般企業でここまで支え合える会社ってあるんですね♡
彼らに注意するときソレって自分にもいえることだな～って気づかされることが多いんですよ

どんな従業員が働いているのか紹介してもらってもいいでしょうか!?
ええいいですよ
皆さん仕事中なのに遠慮のない女ですみません
えへへ
Welcome to
日本理化学工業
株式会社
知的障害がありチョークの材料を練る担当の男性は勤続15年です
仕事への思いを教えてください
ニコッ
間違いがないかいつも気をつけています
重い材料を運ぶ姿がたくましく笑顔がステキな青年です
色で汚れたツナギが働き者であることを語っています

粘土状のチョークを乾燥炉で乾燥させて取り出し不良品のチェックを行っている男性は勤続40年
行動障害があって以前は作業中に頻繁に暴れてしまったそうですが

何年もかけて徐々に忍耐力がついてきて落ち着いていったそうです
黙々と作業をする姿は仕事一筋の寡黙な職人という印象です

大山社長に障害者雇用への思いをお聞きしました
我々は社会貢献をしようというのではないんです彼らが必要だから雇用しているんです

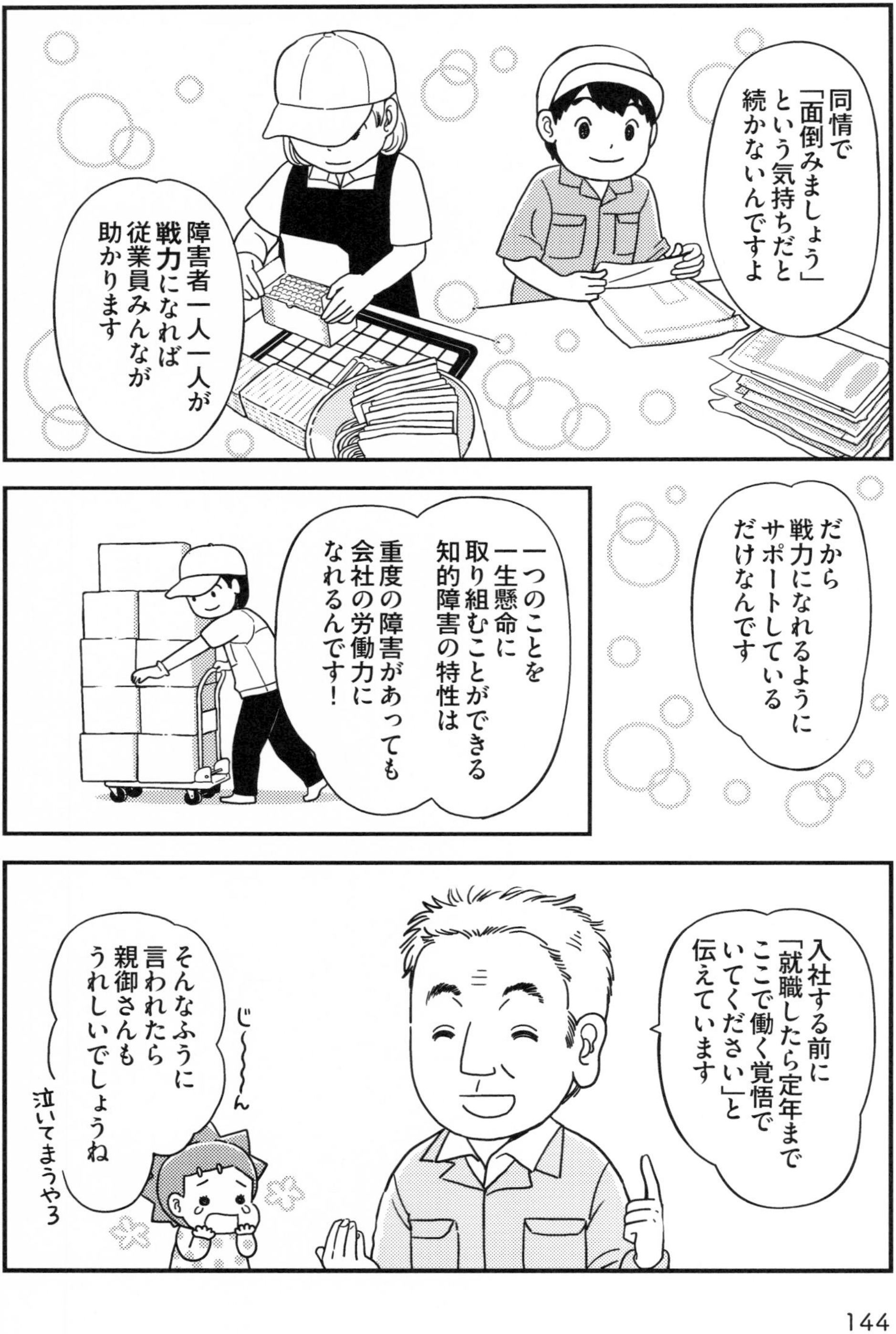
同情で「面倒みましょう」という気持ちだと続かないんですよ
障害者一人一人が戦力になれば従業員みんなが助かります
だから戦力になれるようにサポートしているだけなんです
一つのことを一生懸命に取り組むことができる知的障害の特性は重度の障害があっても会社の労働力になれるんです！
入社する前に「就職したら定年までここで働く覚悟でいてください」と伝えています
じ〜〜〜ん
そんなふうに言われたら親御さんもうれしいでしょうね
泣いてまうやろ

現在は就職する前に実習を3回行いミスマッチがないか試した上で雇用しています
雇用人数は年に一人から二人です
新規雇用の人数が少ないということは従業員が長期就労をしているということですね
そうですね知的障害者は日本の職人文化をもった中小企業の経営を強化できる人材だと思います
父が障害者雇用を続けたきっかけに禅僧から教えてもらった「人間の究極の幸せは愛されることほめられること役に立つこと必要とされること」という言葉があります
働く場所は幸せになる場所ですこれからも従業員みんなで会社を守っていってほしいですね
みんなで支え合い知恵を出し合えば大勢の障害者雇用を切り開いていける！そう実感できるあったかい会社でした

解説9

障害年金・成年後見とは

青木聖久

障害年金

障害のある人が利用できる所得保障制度の中心が障害年金です。障害年金は、**障害基礎年金**、及び、**障害厚生年金**（初診日において、厚生年金保険の被保険者が対象）の二つに分かれています。ただし、発達障害や知的障害のある人が主に利用するのは障害基礎年金です。窓口は、全国の年金事務所、街角の年金相談センター、住所地の市町村の国民年金の担当課で、相談や手続きができます。ただし、請求できるのは、障害認定日以降になります。ちなみに、障害認定日とは、基本的に初診日から1年6か月を経過した日のことをいいます。初診日から1年6か月を経過した日が20歳未満の場合は、20歳が障害認定日になります。

そして、障害基礎年金を受給するためには、**①加入要件**、**②保険料納付要件**、**③障害状態要件**の三つが必要です。ただし、20歳未満において、児童相談所や医療機関で、医師より知的障害や発達障害の診断を受けている場合は、①や②の要件を問われません。なお、読者の皆さんが、20歳以降に初診日のある場合や、障害厚生年金の受給要件を調べるには、日本年金機構のホームページなど（Webページに加えて、動画もあります）で①及び②の要件を確認してください。

厚生労働省（2017）によると、障害基礎年金は、障害の部位でいうと、眼、耳、肢体、呼吸器、心疾患など、全18種類に分かれます。

その中において、知的・発達・精神障害の三つが、「精神の障害」というところに分類され、同じ診断書の様式のもと、基本的に精神科の医師に診断書の作成を依頼することになります。その際、③の障害状態要件では、食事や清潔保持などの日常生活能力を中心にして、診断書が作成されます。その後、その診断書が、東京にある障害年金センターで診査され、障害等級が決定されることになります。

　このようにして障害基礎年金の支給が認められると、年額（２０２１年度例）が、２級は78万９００円、１級は２級の１・25倍で97万６１２５円。それらが、偶数月に2か月分が本人名義の口座に振り込まれることになります。ただし、留意すべきは、「精神の障害」の障害年金は、いったん認められたとしても、1年から5年の範囲で、更新手続きをしないといけないということです。そのことから、概ね更新の2か月前に「障害状態確認届」という診断書が日本年金機構から送られてきますので、到着したら、すぐに医師に作成依頼をしてください。なお、多くの医師は、前回のものを参考に診断書を作成することになります。そのことから、たとえ医療機関が変わったとしても困らないように、更新のたびに医師が作成した診断書をコピーし、大切に保管することをお勧めします。

特別児童扶養手当

　特別児童扶養手当という所得保障制度があります。これは20歳未満の子どもを養育する保護者に基本的に支給される制度で、年額（２０２１年度例）が、1級は63万円、2級は41万９６４０円となっています。概ね、障害基礎年金の障害相当の人が対象となっています。ただし、特別児童扶養手当は、障害基礎年金に自動的に切り替わりません。障害基礎年金とは別の制度となります。

　いずれにせよ、障害基礎年金や特別児童扶養手当などは、待っていても支給されません。そのことから、障害年金では「裁定《さいてい》請求」という難しい言葉を使います。その意味は、受給でき

○厚生労働省（2017）「国民年金・厚生年金保険 障害認定基準」平成29年12月1日改正

る状態にあるので、権利を主張し、請求するというものです。ぜひ、制度は意思表示をしないとスタートしないものが多いということをご理解ください。加えて、障害年金では「遡及《そきゅう》請求」（さかのぼって請求）という方法もあります。例えば、障害認定日から20年後に障害年金のことを知り、20年分の障害年金額を請求するというような場合です。ところが、現行の法律では、最長5年前までしか基本的に認められず、それ以前の15年分は時効となり、失効してしまうことを知っておいてください。だからこそ、制度を知っておくことが大切なのです。

成年後見

障害のある人（以下、本人）の判断能力が不十分なことから、保護及び支援をするのが**法定後見制度**です。法定後見制度の手続きとしては、本人、配偶者、四親等内の親族、さらには、市町村長が、本人の住所地を管轄する家庭裁判所に申し立てをすることができます。

そして、家庭裁判所は、本人にとって最適だと思われる人を選任します。また、法律上や生活上での財産管理の課題があると判断すれば、弁護士、司法書士、社会福祉士などを選任することもあります。加えて、家庭裁判所は、左の表2のように、本人の判断能力によって**補助**、**保佐**、**後見**の3種類のいずれがふさわしいかを決めることになります。

一方で、以前は被成年後見人になると、選挙権を失うことになっていましたが、２０１３年からは解消されています。ちなみに、成年被保佐人、被補助人は改正以前から選挙権がありました。関連事項でいえば、成年被後見人・被保佐人になると一定の職業の資格や会社役員の地位を失ったり、営業許可を取り消されたりするという、いわゆる欠格条項と呼ばれる規定がありました。しかし、これについても２０１９年に公布された「成年被後見人等の権利の制限に係る措置の適正化等を図るための関係法律の整備に関する法律」により改められ、一律に排除するのではなく、個別的に判断をすることになっています。

他方で、将来的に、知的・発達障害のある人が、障害のあることによって判断能力が不十分になる状況を想定して、あらかじめ手続きをするのが**任意後見制度**です。それは、本人の判断能力が十分あるうちに、本人が代理人（任意後見人）を選んでおき、本人の意思に従い、適切な保護や支援をするというものです。任意後見契約は、公正証書で行われることから、最寄りの公証人役場で手続き方法を確認してください。そして、後に本人の判断能力が低下したとき、任意後見契約で定めた事務について、家庭裁判所が選任する後見監督人のもと、任意後見契約の効力が発生することになります。

表２　法定後見制度《ほうていこうけんせいど》の３種類

	補助	保佐	後見
対象となる方	判断能力が不十分な方	判断能力が著しく不十分な方	判断能力が全くない方
成年後見人等が同時または取り消すことができる行為※1	申し立てにより裁判所が定める行為※2	借金、相続の承認など、民法13条１項記載の行為の他、申し立てにより裁判所が定める行為	原則としてすべての法律行為
成年後見人等が代理することができる行為※3	申し立てにより裁判所が定める行為	申し立てにより裁判所が定める行為	原則としてすべての法律行為

※１　成年後見人等が取り消すことができる行為には、日常生活に関する行為（日用品の購入など）は含まれません。
※２　民法 13 条１項記載の行為（借金、相続の承認や放棄、訴訟行為、新築や増改築など）の一部に限ります。
※３　本人の居住用不動産の処分については、家庭裁判所の許可が必要となります。
※　保佐制度及び後見制度の利用により、本人が一定の資格や地位を失う場合があります。
※　補助開始の審判、補助人に同意権・代理権を与える審判、保佐人に代理権を与える審判をする場合には、本人の同意が必要です。
出典：法務省

9　生活介護の通所施設に行ってみた

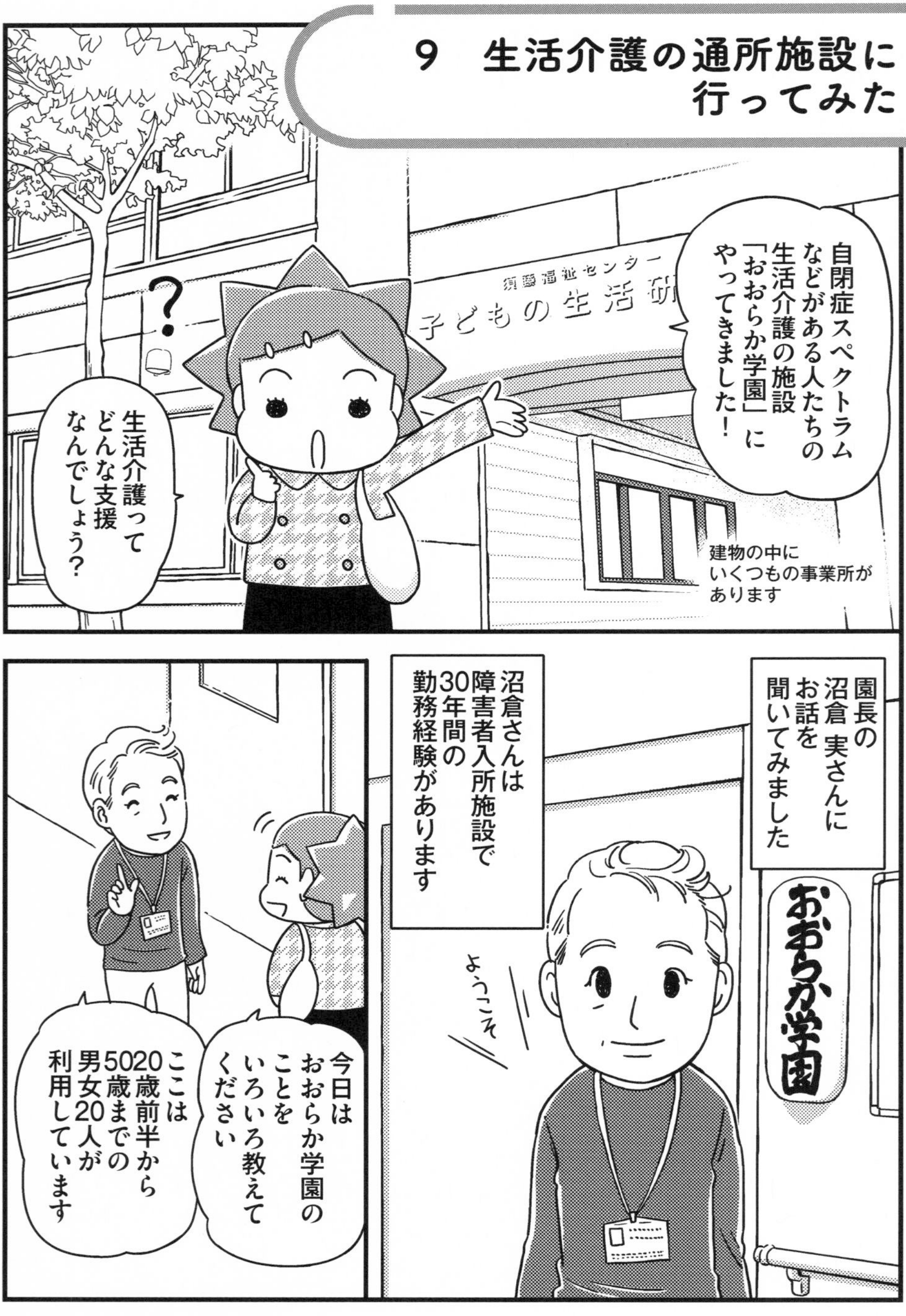

自閉症スペクトラムなどがある人たちの生活介護の施設「おおらか学園」にやってきました！
須藤福祉センター
子どもの生活研
生活介護ってどんな支援なんでしょう？
建物の中にいくつもの事業所があります
園長の沼倉 実さんにお話を聞いてみました
沼倉さんは障害者入所施設で30年間の勤務経験があります
おおらか学園
ようこそ
今日はおおらか学園のことをいろいろ教えてください
ここは20歳前半から50歳までの男女20人が利用しています

生活全般で必要な日常生活上の支援を行っています
支援というと?
食べにくいものはありますか
食後の薬を飲みましょう
食事や排せつ身だしなみ健康管理など
生活習慣を整えるように促して支えるのが日常生活上の支援です
支援の対応は二人につき一人だったり個別に対応することもあります
複数人で一人に対応する場合もありますしそのときによっていろいろです
利用者の皆さんはご家庭からの通所ですか?
障害者支援入所施設
家庭
家族が送迎
園が送迎
おおらか学園日中活動
園が送迎
当学園の場合家庭とグループホームからの両方です

彼女の場合は支援を受けながらアパートから通っています
ご両親はすでに亡くなっているので一人暮らしをしています
やっぱり寂しいときはありますよ
でもここに来れば話をする人もいるし寂しさを忘れられます
孤独もあるけれど支援者が側にいれば困ったときになにかと心強いですね
そうですねここは(おおらか学園)好きですよ
とてもリラックスして機織りを楽しんでいる感じでした
どんな人が生活介護を利用できますか?
障害者福祉サービス受給者証を取得している人です
おおらか学園
朝9:00〜15:00まで
(昼食1時間)
多くの支援が必要な方を24時間ご家族だけで対応するのは難しいですからね

障害のある方のご家族だってゆっくりする時間や自由な時間が必要ですもんね
そうですね
子どもが夜に寝てくれなくて家族が寝不足になってしまう家庭もあります
家族だけで対処するのは限界がありますから地域の専門機関と連携して福祉サービスをうまく利用しながら生活していってほしいです
まだ起きてる……
いろいろな不安や心配……
眠れない…
利用者が安心できる場所を整えていくことが支援です
安心・安全な場所で日中活動を通して人と交流したり自信をつけたりして社会参加の幅を広げてほしいです

日中活動では
何をしているのか
見せてもらって
いいですか？
おおらか学園
すみません
大声出しちゃった…
大きな声が
苦手な人もいるから
静かにしなくちゃ
そうですね
利用者の中には
音に敏感な方もいるので
職員も小さい声で
話しています
皆さんちょうど
午後の活動中です
見学してみますか
ガラ
しーーん
ここで各々
制作活動を
しています
お～
図書館並みに
静か！

皆さん とても集中して ビーズ小物や リースを制作 しているんです ぬり絵をする 人もいます
こんにちは〜
職員 谷田さつきさん
きれいな リースですね 材料も豊富に 用意があるんですね！
お手本の写真を 見ながら ソックリに作る 人もいれば 自分でイチから デザインする 人もいます
ビーズ小物の 制作では ビーズを順番に 置いておくと 調子よく制作でき たりします
皆さんの作品は 地域の イベントなどで 販売しています
これ あの子が作ったの!? よくできてる
利用者の親御さんが イベントに来て 感動して購入して いかれることも あって 準備をした 我々もうれしく なっちゃいます

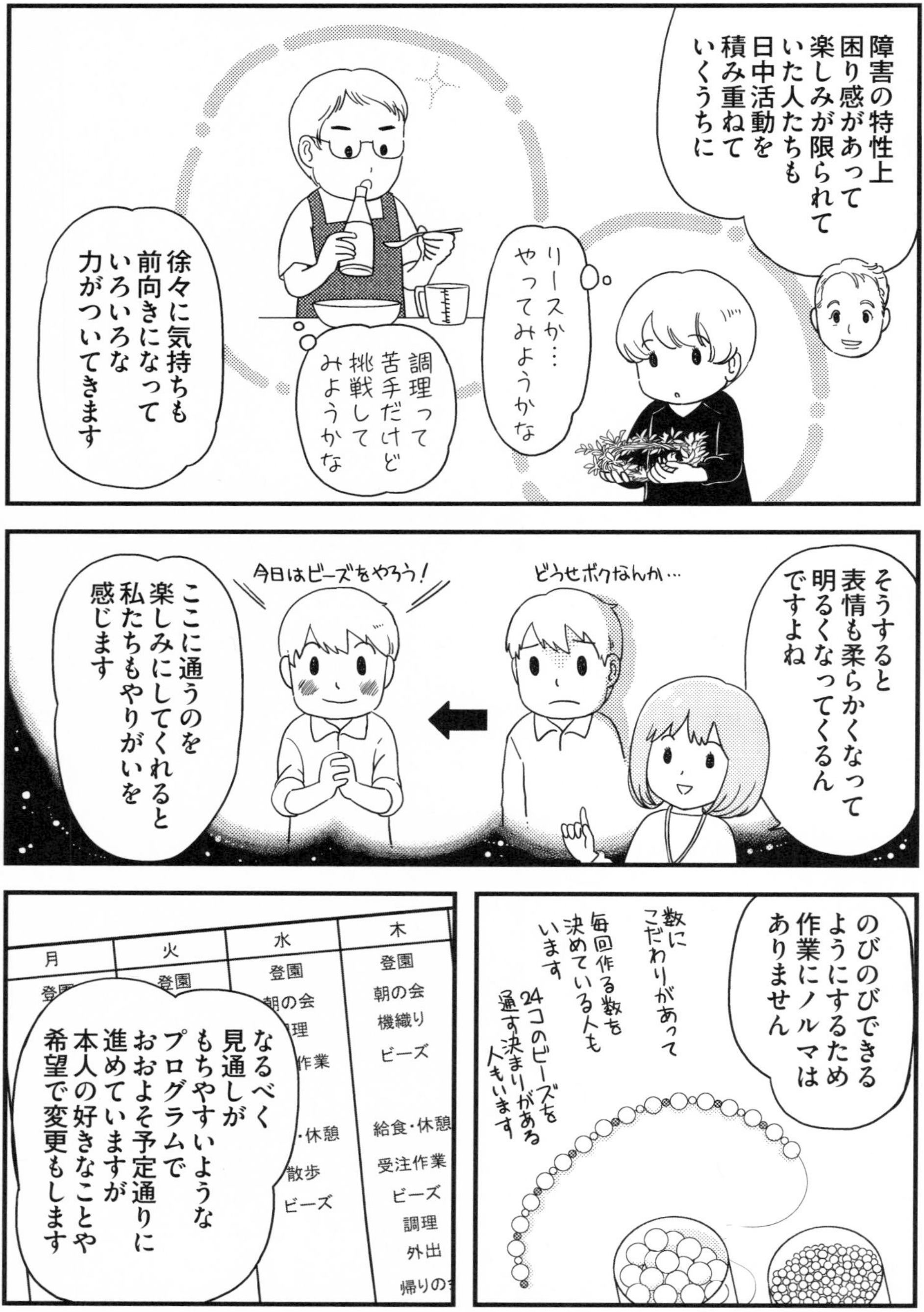
障害の特性上困り感があって楽しみが限られていた人たちも日中活動を積み重ねていくうちに
リースか…やってみようかな
調理って苦手だけど挑戦してみようかな
徐々に気持ちも前向きになっていろいろな力がついてきます
そうすると表情も柔らかくなって明るくなってくるんですよね
どうせボクなんか…
今日はビーズをやろう！
ここに通うのを楽しみにしてくれると私たちもやりがいを感じます
のびのびできるようにするため作業にノルマはありません
数にこだわりがあって
毎回作る数を決めている人もいます
24コのビーズを通す決まりがある人もいます
月
火
水
木
登園
朝の会
機織り
ビーズ
給食・休憩
受注作業
ビーズ
調理
外出
散歩
ビーズ
なるべく見通しがもちやすいようなプログラムでおおよそ予定通りに進めていますが本人の好きなことや希望で変更もします

プログラムがないと不安になる人もいますもんね
今日は雨が降ってきたので散歩は中止です
えーヤダッ
予定変更がきかない人もなかにはいますがそういう特性も理解してあげてうまくやっていきます
人気の活動ってありますか?
最近人気だったのが綿花を扱う仕事をしている方が受注してくれた綿花から綿をはがす作業です
わし
わし
種と綿を分けるなど繊細な作業をみなさん長時間続けていましたこんなことも得意で集中力を発揮するんだと気がつきました
コットン
うんうん綿はがしの感触って気持ちいいかも♡

園の中にパーティションが多く使われていますね
1
2
3
各部屋に数枚設置されています
他人と同じ場所にいることで不安を感じる人もいるので仕切りを多用して対応しているんです
あの人の大きな声が苦手だ…
苦手な人
?
利用者同士合う合わないがあるのでお互いに不安や不快を感じないように
食事の時間や送迎の時間をずらすこともあります
自分の気持ちを表現することが苦手な利用者が多く
不安や不満をため込んでしまいがちです
一人一人の特性を把握した上で行動や表情の様子利用者の変化に気づけるように気をつけています
適切な支援ができるように工夫しているんです

そんなに細かく配慮されているんですね
利用者にはそういうことも一つ一つつらいことなんです
不安や心配があって眠れなかった人が日中眠くなってしまうときや体調がすぐれない人がすぐ横になれるよう配慮しています
ここは仮眠ができるスペースですか？
ハッ
ウトウト
眠れないことが続くと体を壊してしまいますから休みたくなったらすぐに休んでほしいです
ウトウト
皆さんここに来るまで本当につらい思いをしてきた人が多いんです
その分ここではなるべく心配事を軽減してあげることで安心して過ごしてもらいたいです

不眠の子どもを支える家族も心配して気疲れしたり眠れないなど大変ですよね
ですので短期入所の宿泊を利用して休んでもらうこともあります
短期入所事業所
今日は泊まってちょうだい
はい
生活介護
入所施設
ヘルパーサービス
電話相談
いろいろな福祉サービスがあるんですね
それぞれの家族に合ったプランを提供するのも支援の一つです
福祉サービスを利用したいのですがどうすれば?
子どもの生活面で困っています
このような相談支援も行っています
家族の悩みは尽きないですから専門家のアドバイスが頼りですよね!
家庭内のことで相談されることが多いです
信頼してくれているから話をしてくれるのかな?と感じます

利用希望者にまずは見学に来てもらって園の雰囲気が気に入ったら実習を経て自治体に申請してもらい※利用調整会議を経て通所が決まります
どもの生活研究所
※事業所を利用したい人と、他の事業所に移りたい人について公正に調整するための会議
家族が高齢になったり病気などでケアできなくなったときには入所施設やグループホームや短期入所を利用したり
電車に乗ります
はい
家族の代わりにヘルパーが通所に同伴したり休日などにも家族の代わりに遊びに同伴するなどのサービスもあります
これらのメニューをつないでいって家族の負担を軽減しながらも
生活が充実したものになるように支援しています
職員はいろいろなことを担っているんですね

利用者が楽しみにしているイベントってなんですか？
買い物に行ったり地域のプールで泳いだり大きな公園で散歩するなどありますが
同じ趣味をもつ何人かで園に泊まったりして楽しんでいます
鉄道が好きなグループは日中に鉄道博物館に行ったりもします
お母さん車両に書いてあるカタカナの意味知ってる？教えてあげようか～
クはねぇ運転台つき車両でねモはモーターがついている車両ってことなのハは何もない普通の車両ってことだよ
楽しそうですね～うちの子も小さいときから電車が大好きなので
同じ趣味の仲間と話をしたり同じ時間を過ごすだけでもワクワクしますよね
大勢で過ごすのが苦手な人もいるので気の合う人だけで少人数旅行をすることもあります

観光名所を見て楽しむというよりも一つ一つ予定をコンプリートすることが目的の人もいます
○○岬到着
さあ次に行こう
えっもう行くのっ
任務遂行みたいな感じでしょうか？
そんな感じです予定を前のめりでサクサク進めていくんですよ
12時までに△△そばでお昼をすませます
我々と楽しみ方が少し違うけれどそれはそれで達成感を味わえたり楽しんでくれているのかな？と思うので
ちょっと休憩しよう
ダメです12時に着きませんよ
旅行プランを考えた我々も「よし！」とうれしい気持ちになります
あははは特性がよく表れてますね！
予定通りにいくと気持ちがいいですもんね！
なんとなくわかります

多様な個性の利用者をサポートする面で気をつけていることってありますか？
いろいろありますが…
彼らと接するときに「受容的交流理論」という捉え方を支援の基本にしています
「受容的交…」とはなんですか？
イヤなことをたくさん言う
でも本当は……
見たままに惑わされないで内面の気持ちにターゲットを絞っていくんです
あることにとても困っていたり怖がっていたりする
利用者は言ってることと内面が合っていないことが多いのです
何でこうなっているのか？
何かイヤなことがあるのかも!?
言動だけではわからなくて対応することが難しいのですが

彼らがうまく言えないことは我々が代弁して確認をします
利用者が自分で調整できないことに気がついてストレスの原因をなるべく取り除いてあげるようにしています
外的刺激
ボン
ストレス
情報整理
こうですか？それともこうですか？
わかってもらいたい気づいてもらいたいそういう思いを表現しているんですよね
ストレス
ストレス
ストレス
ストレス
ストレス
ストレス
彼らの言葉をうまく理解できないこともあるんですが諦めないで歩み寄るようにしています
福祉サービスの骨の部分って「優しさ」なのかもしれないと思える「おおらか学園」でした

解説 10

生活介護とは

青木聖久

生活介護は、手厚い支援が必要とされる障害のある人に対して、社会参加の機会を目的とする通所施設です。そのことから、多くの事業所には、送迎サービスがあります。具体的なサービス内容としては、入浴や排せつ、食事の介護というような、日常生活の基盤的なものから、生活の質の向上を目指した、創作活動や生産活動の機会の提供まで、支援の幅は広いです。また、固有の取り組みをしている事業所も少なくありません。例えば、感性豊かな障害のある人が、これまでの人生を振り返る中で紡ぎ出してきた言葉を、自筆でしおりに記す、というような取り組みをしているところがあります。その結果、実際に出来上がった作品が、事業所のヒット商品になっていたりするのです。それは、創作活動であるとともに、生産活動にもつながるものだといえます。また、生産活動では、出来高払いなどによって、工賃を支払っている事業所も少なくありません。

加えて、通所する仲間や職員と共に、泊りがけの旅行をはじめとする、様々な種類のレクリエーションを設けている事業所も多いです。それらは、障害のある人が、これまでの人生において諦めていたことや、できなかったことに対して、機会を設けたり、多様な視点に気づけるものだといえます。

概して、生活介護では、一人では、あるいは、一家族では到底体験できないような機会を提供

することによって、利用者が自信をつけたり、他者との交流の楽しさを知ることによって、豊かな人生を送ることを重要視しています。かたや、家族にとっては、レスパイトケアとして、距離的にも、精神的にも、適度な距離感を保てることが意義深いといえます。

ただし、生活介護を利用するためには、障害支援区分の認定を受けることが必要となります。具体的な要件として、50歳未満の人は基本的に区分3以上で、50歳以上の人は基本的に区分2以上が必要となります。ただし、障害支援区分が、これに達しなくても、利用できる場合がありますので、詳しくは市町村の障害福祉の窓口で確認してください。また、実際の利用の流れは、58ページの就労移行支援の解説と基本的に同じです。ただし、障害支援区分の認定を受けるための申請がプラスされます。

利用料は、表3のように、所得により負担上限設定（0円～3万7200円）があります。また利用料については、解説4・5・6の障害福祉サービス事業にも共通しますので、併せて確認しておいてください。

表3　利用者負担の月額の上限

障害福祉サービスの自己負担は、所得に応じて次の4区分の負担上限月額が設定され、ひと月に利用したサービス量にかかわらず、それ以上の負担は生じません。

区分	世帯の収入状況	負担上限月額
生活保護	生活保護受給世帯	0円
低所得	市町村民税非課税世帯※1	0円
一般1	市町村民税課税世帯（所得割16万円※2未満） ＊入所施設利用者（20歳以上）、グループホーム利用者を除きます※3	9,300円
一般2	上記以外	37,200円

※1　3人世帯で障害基礎年金1級受給の場合、収入が概ね300万円以下の世帯が対象となります。
※2　収入が概ね600万円以下の世帯が対象となります。
※3　入所施設利用者（20歳以上）、グループホーム利用者は、市町村民税課税世帯の場合、「一般2」となります。
出典：厚生労働省

10　グループホーム・入所施設に行ってみた

東京都国立市にある知的障害児者のための福祉施設滝乃川学園にやってきました！
ガーデン
作業棟
礼拝堂
生活介護棟
小川
成人部寮
カフェ
サポート棟
居住棟
地域交流棟
石井亮一・筆子記念館
園の中に小川が流れる自然豊かな場所です
滝乃川学園は明治24年に創立された日本で最初の知的障害児者福祉施設です
園の中を地域の人が散歩したり園のイベントを通した地域交流もある開かれた施設なのです
チチチチ…
チュン
チュン
木漏れ日
土のにおい
鳥のさえずり
滝乃川学園の支援の現場をお送りしま～す

グループホーム部部長の乾晶子さんに案内していただきました！
グループホームと施設入所支援の暮らしを紹介しますね
部長
乾 晶子さん
敷地が広く施設建物が複数ありますね利用者はどのくらいですか？
全体の利用者は300人で職員は250人です
まず女性用のグループホームにご案内します知的障害のある7人の女性が共同で生活をしているんです
園外の少し離れた住宅街の中にあります
ここは身辺自立ができる人で親元を離れて一人暮らしをしたい方が利用しています
シェアハウスのような感じなのかしら？

一般のシェアハウスとは異なりますが一人ずつ個室で分かれていて食事や風呂・トイレは共同です
特別に許可をいただいたお部屋だけを見学しています
ここはスタッフルームです24時間職員が常駐して見守りがあります
日中のスタッフは1～2人夜間は1人です
スタッフルーム
夜間も職員がいてくれるのは心強いですね
共有スペースにそれぞれ指示テープが貼られているんですね!
電気をつけたら消す!
利用者が使いやすいように触る場所や目線が行く場所に使用の注意点を貼ってるのです
机《つくえ》のふき方《かた》
食器《しょっき》を持《も》って食《た》べ
メガネいれ
今日の夕薬口錠です
食事は職員とヘルパーが調理して提供していて飲み物など欲しい物を口頭で伝えることが苦手な人には意思表示にカードを利用した方法もとっています
ファイルの中のカードをホワイトボードに並べる
カード入れに片付け
つめたい
おねがいします
冷たい麦茶ね!

入浴後の片づけや
スキンケアが
わからない人には
手順カードで
確認できる工夫も
しています
着替え
かおにクリームを塗る
リップクリームを塗る
脱衣場のカゴの片づけ
電気を消す
ドライヤー
脱衣場のカゴの片づけ
一つの行動が
終わったら
カードを下の
箱に入れる
おお!
洗濯機には
指示テープが
ありませんね?
はい
なくても大丈夫な
理由はですね
掃除や洗濯は
利用者が
行うのですが
ここへ入る前は
洗濯ができ
なかった人でも
そう
次は脱水の
ボタンです
ピッ
ピッ
丁寧に
教えていくと
できるように
なるんですよ!
そういう
こと!
買い物も
一人で行きますし
通院など一人では
難しい場合には
職員かヘルパーが
同伴して
うまくやっています
親御さんの
代わりに
頼りにできますね

自立した〜い
お金な〜い
火の元の管理や水道の開け閉めがイマイチできないうちの息子も生活の見守りをしてくれる人がいたら自立できるかもしれない
昼は皆さんそれぞれ日中活動を行っています
共同生活型ではない一人暮らし型のグループホームも見てみますか？
一人暮らし型も学園から近い場所にあります
はいぜひ！どんなのだろう？
民間のワンルームマンションを福祉施設として利用して完全に一人暮らしをするものなんですよ！
へー普通の賃貸を利用するのもアリなんですね！

同じ棟にスタッフルームがありここも24時間の見守りがありますから安心ですよ
一人暮らしといっても食事は職員が用意して自室で食事をとるんです
ここで作ってます
ホカホカ
やっぱり火事の心配がありますもんね
でも中には自炊したい人もいるので比較的安全なIH調理器でお菓子作りを楽しんだりすることはあります
アイドルのポスターやかわいい小物が飾られていて女性らしい部屋
一人暮らし寂しくないのかな～
知的障害があっても親と離れて自立したいと思う人もいますし
親なき後の生活もありますから自立したい気持ちを尊重して我々が細かくフォローしています
そうですよね……自由になりたい！って思うこともありますよね

金銭の管理や福祉の申請では親御さんの代わりに職員が利用者のお手伝いをします
親御さんが亡くなった場合では後見人が管理したりグループホームに預けてもらったりしています
申請書
気になる利用料はおいくらなんでしょうか？
障害のある子をもつ親御さんは気になるところですよね
ギンッ
共同生活タイプのグループホームの場合は※家賃4万円食事代3万円水道光熱費とその他生活費1万5千円です
障害基礎年金
福祉手当金
家賃補助金
地域・自治体によって福祉サービス料や相場が異なります
それらを障害基礎年金や福祉手当金家賃補助金を合わせて利用料に当ててもらっています
料金は地域差があるのね！
将来子どもをグループホームに入居させたいと考えている場合準備しておくことってありますか？
はいいくつかあります
ある程度の意思表示ができるようになっておくといいです
どれがいいだろう？
Aがいいわよねっ
A
B
C

大人が子どもの気持ちをなんでも先回りして考えて用意しないで
Aはイヤです
Bがイイです
子どもに選ばせるようにしてほしいです
それからグループホームでは職員への相談を一人で待たなくてはならないときもありますから
一人の時間を過ごせるようになっておくといいですね
まだかな～
それと！
特別支援学校を卒業後すぐに18歳で入居したい場合
年金受給ができるようになるまでの利用料の準備が必要です
そっか！おおよそ2年分は大変！
支援は一生のことですもんね年金や福祉手当金をうまく使ってもそれ以上にかかるお金が発生しますよね
はい家具家電などそろえる物もありますしお金の準備はしておくといいですね

他にも高齢者を中心に共同生活している成人部の寮が学園の中にありますので案内しますね
そうですよね障害者施設って若い人だけじゃないですよね
設立されたのがだいぶ前なので長く利用している人もいます
滝乃川学園は知的障害児（者）教育福祉の父と仰がれている創立者・石井亮一が明治24年に被災孤女を引き取った「聖三一孤女学院」がはじまりです
いずれは皆さん年をとりますからね ここが成人部の寮です この棟にたくさんの人が暮らしています
ホントだ シルバーカーを利用する方もいますね
滝乃川学園には児童から高齢者までさまざまな年齢の利用者がいますよ
病院のようにキレイで広々

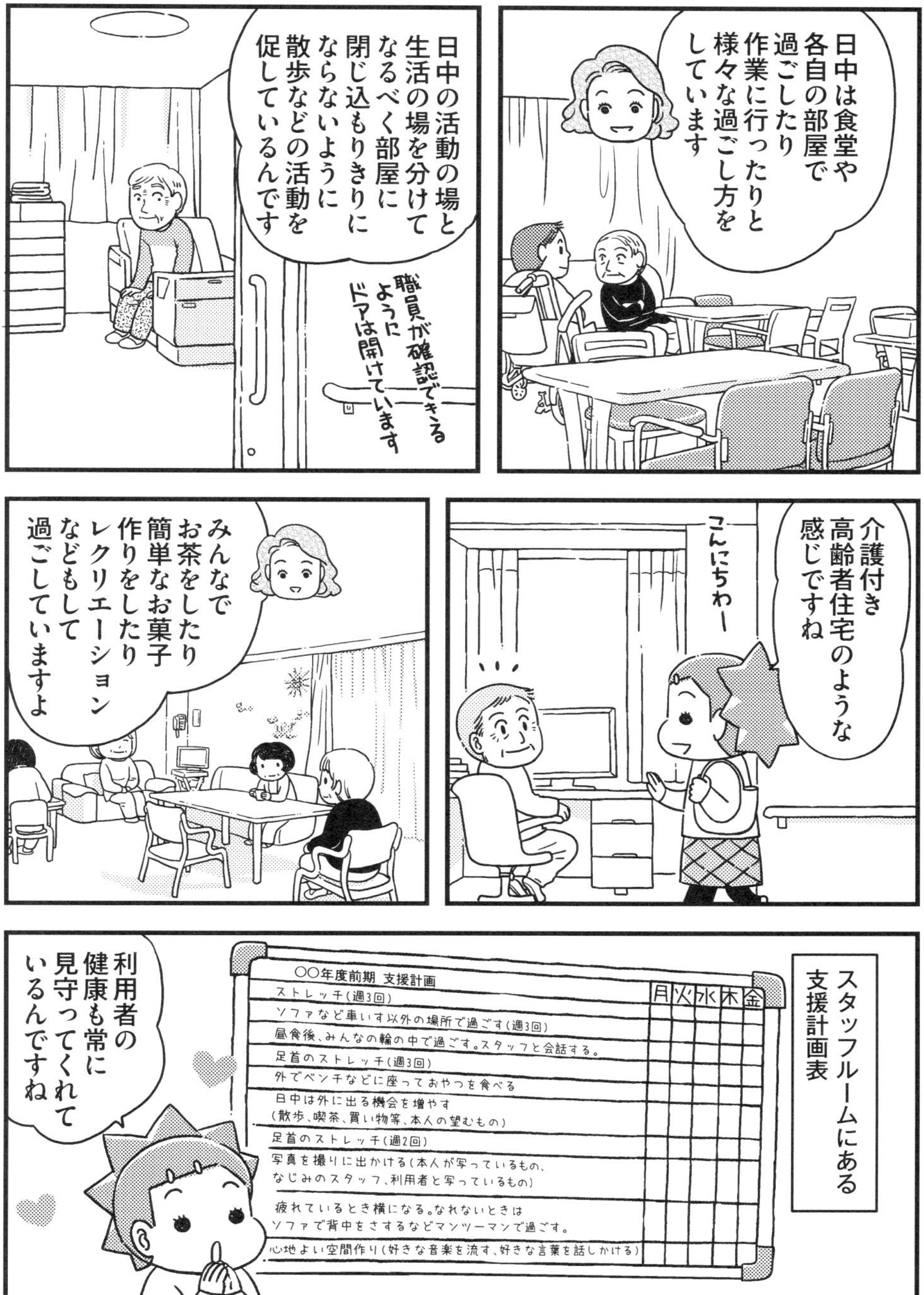
日中は食堂や各自の部屋で過ごしたり作業に行ったりと様々な過ごし方をしています
日中の活動の場と生活の場を分けてなるべく部屋に閉じ込もりきりにならないように散歩などの活動を促しているんです
職員が確認できるようにドアは開けています
介護付き高齢者住宅のような感じですね
こんにちわー
みんなでお茶をしたり簡単なお菓子作りをしたりレクリエーションなどもして過ごしていますよ
スタッフルームにある支援計画表
〇〇年度前期 支援計画
月 火 水 木 金
ストレッチ（週3回）
ソファなど車いす以外の場所で過ごす（週3回）
昼食後、みんなの輪の中で過ごす。スタッフと会話する。
足首のストレッチ（週3回）
外でベンチなどに座っておやつを食べる
日中は外に出る機会を増やす
（散歩、喫茶、買い物等、本人の望むもの）
足首のストレッチ（週2回）
写真を撮りに出かける（本人が写っているもの、
なじみのスタッフ、利用者と写っているもの）
疲れているとき横になる。なれないときは
ソファで背中をさするなどマンツーマンで過ごす。
心地よい空間作り（好きな音楽を流す、好きな言葉を話しかける）
利用者の健康も常に見守ってくれているんですね

日中の活動はこちらの生活介護棟や作業棟で行っています
入所者や地域で生活している人も利用可能です
ここでは陶芸や編み物調理など創作を楽しんでもらっています
←編み機
ビーズ小物も作って販売もしていますよ
おお！かわいい〜♡
ほかにも木工工作やボランティアと一緒に畑やガーデンの手入れをしたり地域の公園清掃をしたりとアクティブに活動する人もいるんですよ
今ちょっと買っていいですか!?
どれにしよ〜
取材中にガチ買い物
ビーズをアクリル樹脂で加工してありますラメでキラキラよ

入口の横にカフェがありましたがそこもですか!?
そうです「森のカフェ」っていうんですけど皆さんの作品を展示するギャラリーにもなっています
職員の皆さんがはやりの古民家風カフェにリノベーション
車いすの人が接客するカフェなんだそうです
車いすの人は接客する機会がなかなかないものですが
ここでならそんな体験もOKなんです!
森のカフェ・職員
知的障害があっても一人一人が文化的な生活を送っているそのフォローが整ってるんだ
コーヒーに生活介護棟で作られたお菓子がついてます♡

チュンチュン
チチチチ
障害のある人がいい環境で暮らせるように少しずつ環境を整えてきたんだろうな～
滝乃川学園
大きく枝葉を伸ばした木々たちや小川のせせらぎで季節を感じられて情緒豊かになれる気がする
最後に支援のプロに「知的障害のある人を支えるとは何か?」を聞いちゃいましょう!
チュンチュン
20年以上知的障害者の生活支援に携わってきた
成人部
第一生活介護部
部長
明田義男さん
障害のある人と普段どのように関わっているんでしょうか?
職員が連携して行っていることなど教えてください

利用者一人一人を
それぞれみんな
チームで
支援しています
利用者
職員
職員の半数は
若手なので
人材の育成も担い
ながらやっています
支援の現場では
よくあること
なんですが
支援の経験が
浅い人は
何か問題が
起こったときに
障害者の問題に
してしまうことが
あります
どうして
できないんだろう
どうして
できないんだろう
う〜〜〜ん
どうやったら
できるように
なってくれるかな？
こういうとき
ベテランの職員と
若手が一緒に
原因を探り
様々な角度から
支援方法の
見直しを
行います
以前
こんなことが
ありました
いつもBという
行動ができていた
Aさん
でも
一人になると
途端にできなく
なってしまう
B
放置
B
!?

このとき Aさんの視点に立ち 周りの状況も 観察しながら 検討してみます
原因は なんだったの でしょうか？
Aさんは 何を感じてる？
何を見ている？ 何を聞いている？
Aさんはいつも 他の人の行動を マネしていたため 一人になると できなかったんです
ぼくも ああする
正しい答えは わかっていませんが 支援の見直しを 繰り返して 見えてきたことです
そして 障害のある人が 行動しやすく なるように 準備をすることで 職員の気持ちにも 変化が起きて くるんです
明田さん Aさん できるように なりました！
Aさんに 変わってほしい…… って思っていましたが 変わらなきゃ いけないのは ボクでした……
このような 経験を重ねていくと 障害者を育てて いるのではなく 自分が育てられていると 気がついてくるんです

この仕事は人と人とのつながりですから職員がまず利用者に信頼してもらうことが一番大切です
安心・信頼
関わりの中で安心・信頼してもらえる出会いがあると職員の人生も豊かになっていきますよ
大切に思ってくれる職員がいてくれるって利用者家族にはうれしいことですね
私たちも日々支えられることがたくさんあります
ただ最期までここで生活できない人もいます専門的な医療やケアに必要な設備を整えた病院などの施設に移らざるをえないこともあります
ここにいる間は我々と一緒に豊かなライフステージを送っていってほしいです
職員と利用者がマンツーマンで旅行に行くこともあるんですが楽しみにしてもらっていますよ
畏敬の念を抱きたくなるようなきめ細かな支援がある滝乃川学園でした

解説 11

グループホームとは

青木聖久

共同生活援助は、障害福祉サービス事業のひとつで、グループホームとも呼ばれ、障害のある人の共同住居を指します。入居者は日中、福祉的就労や一般就労などで過ごしています。また、グループホームは、施設というよりは、むしろ家庭的な雰囲気のもと、住宅地に存在することになっています。住居の形態は、一軒家、マンション、アパート、公営団地というように様々で、所有・賃貸物件の両方があります。一住居あたり、標準は4~5名とされています。

実際にグループホームへ入居するための流れは、生活介護と基本的に同じです。ただし、生活介護のように、障害支援区分の結果によって、利用制限があるわけではありません。

費用としては、167ページの表3にある負担上限額が生じることになります。加えて、家賃、食費、光熱費などの実費が必要です。また、一定の要件を満たせば、国から1万円の家賃補助を受けられることもあります。これらを差し引きすると、多くの事業所は障害基礎年金2級(月額約6万5000円)の範囲内で、実費部分の利用料が賄えるようになっています。

そのような中、実際のグループホームの利用にあたっては、体験利用という制度があります。それは、1回につき連続30日以内、年間50日以内の利用ができるというものです。また、それとは別に、事業所が独自に体験の機会を設けている場合もあります。

グループホームの特徴は、居室が基本的に個室となっており、また、リビングルームのような共有スペースが設けられていて、夕食を他の入居者と共にとったり、交流ができたりすることです。また、世話人や生活支援員というスタッフがいて、日常生活の相談に応じたりします。一方で、「日中サービス支援型」というタイプでは、夜間や休日に加えて、日中においても、食事や入浴、トイレなどの介護支援が常時行われます。そのことにも関係しますが、夜間のスタッフの配置状況も、グループホームによって異なります。

厚生労働省（2020）によると、全国に9221か所のグループホームがあり、13万2449人の利用者がいます。また、一つの住居の利用者の平均は6名程度です。

以上のことを踏まえれば、特別支援学校を卒業する人が一度きりの人生を有意義に過ごすための一つの選択肢として、グループホームの活用を検討することは意義深いと思います。例えば、将来的に単身生活を検討する人は、グループホームでの共同生活によって、自信がつくでしょう。その場合、実家と離れて暮らすことによって、家族と適度な距離感を保つことができ、家族関係が良好になったという人がいます。一方で、グループホームを利用し、その後、アパートなどでの単身生活に移行した人の中には、グループホームが第二の実家のような存在になり、近況を報告できる場が増えた、という人もいます。

また、グループホームから単身生活に移行しやすくするように、「サテライト型住居」という制度もできました。これは、グループホームの運営法人がアパート（サテライト型住居）を近隣に借り、世話人の巡回などを実施するというものです。これらを利用して、グループホームの入居者は単身生活に移行しやすくなっています。

一方で、利便性のよい人気のグループホームでは、空室待ちというところも少なくありません。そのことからも、相談支援事業所の相談支援専門員などに相談しながら、自分に合うところを計画的に探すことが大切だといえるでしょう。

○厚生労働省（2020）「共同生活援助（介護サービス包括型・外部サービス利用型・日中サービス支援型）に係る報酬・基準について≪論点等≫」

エピローグ

福祉サービスっていろいろ種類があるのね
高齢者福祉 児童福祉 etc……
福祉サービス一覧
何から取材したらよい?
「支援の現場探訪記」の取材を開始する前は福祉サービスの名前を見ても内容が全く想像つかず未知の世界でした
障害福祉だけでもこんなにある! 利用する人はどんな困り感があるんだろう?
行政以外にも民間の支援機関があったりするのね
居宅介護 重度訪問介護
同行援護 行動援護
重度障害者等包括支援
短期入所(ショートステイ)
療養介護 生活介護
施設入所支援
共同生活援助
就労移行支援
就労継続支援(A
どかして どかして
自立
「障害のある人が困難に感じている原因を取り除いて歩みやすくする」支援はよく言うけれど
これが大変!
そして各支援者の話を聞いて感じたことは「日本の障害者支援ってスゴイ!」
—ってこと!

安心して乗っかってくださいね大丈夫ですよ
えっほ
えっほ
えっほ
全て助けてしまうほうが楽かもしれないのにそうはしない
全部我々に任せてくださいね
頑張ったらできることは伸ばそうと支援者はいつも考えている
Aさんは一人でトイレに行けるけど夜間は付き添わないと行けないから夜間は必ず声をかけよう
Bさんは人目を恐がるから散歩のときは手をつないで誘導するように歩いたほうがいいかな?
Cさんは
Dさんは
支援を計画して実践
ダメだったらまた計画して
実践
これを繰り返して最善の方法を探っていくことが大変!
思っていた以上にきめ細かいお仕事でした
私が感じた障害者支援のイメージはこんなふうです
なんらかの原因で今いる場所に居づらくなってしまっても受け止めてくれる場所があって

一緒に少しずつ登っていきましょう
ゆっくりでも前を向いて歩いていけるように手を引いてくれる
ハァハァ
やってみます
人生山
苦しんでいる当事者や
いろいろなことがツライ…
この先この子はどうなるんだろう…
子どもの将来が心配な親にも
一人じゃないですよ
光を差してくれる

安心や生きる力を
与えてくれる
心のよりどころなのだと
思いました
そして
障害者支援に携わる
皆さんから
誰かを助ける尊さを
教えていただきました
ありがとうございました
最後までお読みいただき
ありがとうございます。

取材にご協力いただいた団体等

●特定非営利活動法人にじと風福祉会
千葉県八千代市大和田新田 453-126
https://www.nijitokaze.jp/

●一般社団法人チャイルドフッド・ラボ
東京都府中市東芝町 1-64-640
https://childhood-labo.link/

● LITALICO ワークス 柏
千葉県柏市柏 4-8-1 柏東口金子ビル 4F
https://works.litalico.jp/

●社会福祉法人オリーブの樹 オリーブ轟
千葉市稲毛区轟町 5-2-4
https://www.olivehouse.org/

● Kaien 市ヶ谷
東京都新宿区市谷本村町 3-28 新日本市ヶ谷ビル 3 階
https://www.kaien-lab.com/

●株式会社富士電機フロンティア
神奈川県川崎市川崎区田辺新田 1-1
https://www.fujielectric.co.jp/frontier/

●株式会社 LORANS. 天王洲アイル店
東京都品川区東品川 2-2-33 Nビル 1F
https://floran-jp.com/

●日本理化学工業株式会社
神奈川県川崎市高津区久地 2-15-10
https://www.rikagaku.co.jp/

●社会福祉法人嬉泉 おおらか学園
東京都世田谷区船橋 1-30-9
http://www.kisenfukushi.com/

●社会福祉法人滝乃川学園
東京都国立市矢川 3-16-1
https://www.takinogawagakuen.jp/

監修者　あとがき

最後に、付言とまとめをして、あとがきにかえさせていただきます。

〔付言①〕は、似ている機能をもつ事業所などの探索です。例えば、地方では身近に特例子会社がないこともあるでしょう。しかし、地元企業において、障害のある人の雇用を積極的に行っているところがあったりします。また、地域活動支援センターがない地域では、居場所機能を前面に出した就労継続支援B型や、市町村独自の事業があったりします。身近にこの本にある事業がないからと落胆するのではなく、求めている機能を果たしている事業所などを探すことに目を向けてください。

〔付言②〕として、市町村の窓口や事業所に行くときは、電話でアポをとってからにしてください。なぜなら、せっかく行動したのに担当者が不在だったりすると、気持ちが萎えてしまうからです。

【まとめ】

①引っかかりの大切さ

この本をとおして、ちょっとだけでも障害福祉サービス事業のことが事前にわかれば、見学時に、何を見聞きすればいいかのイメージがわきます。実際、私たちは、前もって概要を知っていることによって、自然と「引っかかり」が生まれるのです。「この事業所の〇〇はどうなんだろう」と。このように、引っかかりがあることによって、見るべき事柄が定まるのです。

②社会資源の活用

障害福祉サービス事業、スタッフや利用者、そこに行くまでの公共交通機関や駅員さん、これらすべてが社会資源です。人が新たな社会資源を活用することには勇気がいります。でも、社会資源を活用するということは、すなわち、世界の広がりを意味します。すると「こんなのありか」と、なんともいえない気持ちの高ぶりを覚え、ワクワクするのです。

③景色が変わって見える

188ページに、「人生山」を登っていくシーンがあります。山を登るには気力と体力が求められます。また、登り方を教えてくれる人も必要でしょう。ところで、人はなぜ山を登るのでしょうか。それはきっと、景色が変わって見えることが楽しみだから。でも実際のところ、周囲の人たちや社会の姿は変わりません。では、なぜ違って見えるのか。それは、山を登ることによって、「自信」「達成感」「感謝」などというレンズを通して、景色を見ることができるからではないでしょうか。

④チャレンジすること

人が一番きついのは、前を向いて歩きたいのに、その自分の気持ちに蓋をしてしまうこと。本当は蓋を開けたいのに、開けることができない。チャレンジしたい。でも、一人では不安。そんなとき、エピローグで描かれているように、光を差してくれる存在があれば、どれほど心強いでしょうか。

このようにして、障害のある人は、信頼できる支援者に出会い、自身の強みや可能性に気づくことによって、果敢にチャレンジすることができるのです。人は誰しも、チャレンジする自分自身が大好き。それは、障害の有無に関係なく……です。そんな一助にこの本がなればと願ってやみません。

最後になりましたが、このような機会を頂戴しました、いつもやさしさとユーモアにあふれる漫画を描かれる、かなしろにゃんこ。さん、そして、読者目線で少しでも意義深い本になるようにとご尽力いただいた学研の相原昌隆さんに感謝申し上げます。

2021年7月　青木聖久

学研の
ヒューマンケア
ブックス

障害のある人の
支援の現場探訪記

2021年9月14日　第1刷発行
2022年1月7日　第2刷発行

著　　者　かなしろにゃんこ。
監修・解説　青木聖久
発 行 人　甲原 洋
編 集 人　木村友一
企画編集　相原昌隆
デザイン　ソヤヒロコ

発 行 所　株式会社　学研教育みらい
〒141-8416　東京都品川区西五反田2-11-8
発 売 元　株式会社　学研プラス
〒141-8415　東京都品川区西五反田2-11-8
印 刷 所　中央精版印刷株式会社
D T P　株式会社　明昌堂

●この本に関する各種お問い合わせ先
本の内容については、下記サイトのお問い合わせフォームよりお願いします。
https://gakken-kyoikumirai.co.jp/contact/
在庫については　Tel 03-6431-1250（販売部）
不良品（落丁、乱丁）については　Tel 0570-000577
学研業務センター　〒354-0045　埼玉県入間郡三芳町上富279-1
上記以外のお問い合わせは　Tel 0570-056-710（学研グループ総合案内）

学研の書籍・雑誌についての新刊情報・詳細情報は、下記をご覧ください。
学研出版サイト　https://hon.gakken.jp/
シリーズ等のサイト　http://www.gakken.jp/human-care/